Rezepte und Gestaltung: Valéry Drouet
Fotos: Pierre-Louis Viel

VALÉRY DROUET & PIERRE-LOUIS VIEL

FISCH & CO!

[VOM GRILL UND AUS DEM OFEN]

INHALT!

SAUCEN!

Sauce Tartare 10

Sauce Hollandaise 10

Rouille 10

Fischcreme 11

Buttersauce 11

Krustentierbisque 11

Fischfond 12

Weißweinsud 12

VOM GRILL!

Fisch!

Gegrillter Schellfisch in Meerrettichmarinade 16

Seeteufel mit Speck und Salbei 18

Lachsfilet auf orientalische Art 20

Seezungenfilets in Kräuterkruste 22

Kabeljaufilets mit Chorizo und Manchego 25

Lachsröllchen mit Roquefort 26

Petersfisch mit Muskatnuss und Blini aus Süßkartoffeln 29

Marinierter Pollack mit Chili und Chorizo 30

Forellenkroketten mit Wasabi und Kokossauce 32

Filet vom Roten Knurrhahn mit Curry 34

Speckmakrelen mit scharfem Pfeffer 37

Fisch und Fleisch vom Grill mit Cidre-Vinaigrette 38

Roter Thun medium mit zweifachem Koriander 41

Schwertfisch in Kräutersauce 42

Sardinen mit Kräuterpesto 44

Goldbrasse mit Sesam und Tomatenmus 46

Steinbutt in Mohn 48

Rotbarbe gefüllt mit Oliven und Fenchel 51

Stockfisch vom Grill mit Knoblauchpüree 52

Rotbarbenfilet mit Curry und Saubohnen 54

Lachs im Netz mit Speck und Zwiebel 57

Heringe und Kartoffeln vom Grill mit Senf 58

Seeteufel mit gegrilltem Lauch und roten Zwiebeln 60

Muscheln!

Jakobsmuscheln mit eingelegten Zitronen 62

Austernspieße mit Zitronengras 64

Jakobsmuschelspieße mit Shiitake-Pilzen und Nüssen 66

Knusprige Venusmuscheln mit Ingwer 68

Gebratene Muscheln mit Süßkartoffeln 70

Muscheln in Folie 72

Schnecken mit Aioli 74

Muscheln auf katalanische Art 76

Schwertmuscheln mit Anisbutter 79

Krustentiere!

》 Garnelenspieße mit
Pancetta und Parmesan   **80**

》 Tintenfisch mit Sauce Vierge
und Koriander   **82**

》 Langusten auf Jamaica Art   **84**

》 Riesengarnelen in Chermoula-Sauce   **86**

》 Krabbenkroketten mit Knoblauch
und Chili   **89**

》 Sataygarnelen in Petersilienbutter   **90**

》 Hummer mit grünen Zitronen   **92**

AUS DEM OFEN!

Fisch!

》 Safranrochen mit Kartoffeln,
Mandeln und Kürbis   **96**

》 Makrelen mit Cidre und Rosenkohl   **98**

》 Kalmar mit Kapern   **100**

》 Pollack-Kartoffel-Auflauf mit Oliven   **102**

》 Steinbutt in Speck mit Salat
und Erbsen   **104**

》 Goldbrasse in Kräutersalzkruste   **106**

》 Seeteufel mit Steinpilzen und Nüssen   **109**

》 Seehechtrouladen mit Pancetta
und Parmesan   **110**

》 Kabeljaurücken mit Mozzarella
und Tomaten   **112**

》 Barsch mit frischen Kräutern
und Knoblauch   **114**

》 Sardinen mit Zwiebelkompott   **116**

》 Scholle aus dem Ofen mit Gewürzen   **119**

》 Gebratene Forelle mit Mandeln und
Sauerampfercreme   **120**

Muscheln!

》 Überbackene Austern mit Steinpilzen
und Parmesan   **122**

》 Miesmuscheln gefüllt mit Fleisch   **124**

》 Muschelgratin mit Lauch
und Parmesan   **126**

》 Gratinierte Venusmuscheln mit Ingwer   **128**

》 Gratinierte Austern mit Meerrettich   **131**

Krustentiere!

》 Langustinen mit Glasnudeln in Vanille   **132**

》 Krabbenrösti mit Kartoffeln,
Ziegenkäse und Speck   **134**

》 Fischsuppe   **136**

Mengenangaben   **138**

SAUCEN!

SAUCE TARTARE

SAUCE HOLLANDAISE

ROUILLE

FISCHCREME

BUTTERSAUCE

KRUSTENTIERBISQUE

Alle Rezepte sind für 6 Personen.

SAUCE TARTARE

» 2 hartgekochte Eier, 30 g Kapern, 6 Gewürz-gurken, 2 Frühlingszwiebeln und 1 kleinen Bund Kerbel hacken. Alle Zutaten in einer kleinen Schüssel mit 250 ml Mayonnaise verrühren.

Als Beilage für alle gegrillten Fische.

SAUCE HOLLANDAISE

» 300 g Butter im Wasserbad zerlassen. Sobald die Butter flüssig ist, die Oberfläche ab-schöpfen und die Butter auf diese Weise klären. 5 Eigelbe in einem Topf mit 3 Esslöffeln Wasser verquirlen. Bei schwacher Hitze 6–8 Minuten erwärmen, dabei ständig weiter schlagen, bis die Masse schaumig wird. Vom Herd nehmen und die geklärte Butter kräftig unterrühren. Den Saft von ½ Zitrone zugeben und mit Salz und Pfeffer abschmecken. Die Sauce warm halten.

Für Lachsröllchen mit Roquefort (S. 26), Sardinen mit Kräuter-pesto (S. 44), Lachs im Netz mit Speck und Zwiebel (S. 57), See-teufel mit gegrilltem Lauch und roten Zwiebeln (S.60) ...

ROUILLE

» 1 hartgekochtes Eigelb, 1 rohes Eigelb, 1 Esslöffel Senf, 1 Sardellenfilet, 1 große Knoblauchzehe, 2 Prisen Safran, 2 Prisen edelsüßes Paprikapulver, 1 TL Tomatenmark, Salz und Pfeffer in einen Mixer geben.

» 30 Sekunden mixen, dann 100 ml Olivenöl und 100 ml Sonnenblumenöl zugießen.

» Noch einmal einige Sekunden zu einer glatten Sauce mixen.

Zu einer Fischsuppe (siehe Re-zept S. 136), aber auch als Bei-lage zu allen gegrillten Fischen.

FISCHCREME

⟫ 400 ml Fischfond aufkochen und um die Hälfte reduzieren. 200 ml süße Sahne zu-gießen, salzen und pfeffern. Erneut einkochen, bis eine dickflüssige Sauce entsteht. 60 g kalte Butter kräftig einrühren und noch einmal 2 Minuten kochen. Die Sauce mit dem Pürier-stab schaumig aufschagen und im Wasserbad warm halten.

Kurz vor dem Servieren können Sie die Sauce noch verfeinern: mit ge-hacktem Schnittlauch, Curry, Saf-ran, Senfkörnern, Seeigelrogen ...

BUTTERSAUCE

⟫ 2 gehackte Schalotten und 1 Thymianzweig in einem Topf mit 200 ml Weißwein dünsten, bis die gesamte Flüssigkeit verdampft ist. 200 ml flüssige Sahne zugießen und nochmals um die Hälfte einkochen. Vom Herd nehmen und 200 g gewürfelte Butter kräftig einrühren. Die Sauce durch ein Sieb gießen und im Wasserbad warm halten.

Zum gegrillten Schellfisch in Meerrettichmarinade (S. 16), den Kabeljaufilets mit Chorizo und Manchego (S. 25), den Ja-kobsmuschelspießen (S. 66) ...

KRUSTENTIERBISQUE

⟫ 2 Möhren, 2 Knoblauchzehen und 2 Zwiebeln schälen und hacken und mit 50 ml Olivenöl in einem großen Topf weich dünsten. 1 kg Krustentierschalen oder gehackte Krabben zugeben und bei starker Hitze 5 Minuten unter Rühren braten. 1 gehäuften Esslöffel Tomatenmark unterrühren und 2 Minuten mitbraten. 100 ml Cognac zugießen und kurz flambieren. Großzügig mit Wasser bedecken, 3 gewürfelte Tomaten zugeben und mit Salz und Pfeffer abschmecken. Aufkochen und bei mittlerer Hitze 1 Stunde kochen.

⟫ Die Masse ungefähr 2 Minuten mit dem Pürierstab pürieren, dann durch ein feines Sieb in einen Topf gießen, dabei kräftig pressen, um den gesamten Saft aufzufangen. 200 ml Sahne zugießen und noch einmal abschmecken. Bei mittlerer Hitze 15 Minuten kochen. Vom Herd nehmen und 30 g gewürfelte Butter kräftig unterrühren. Die Sauce noch einmal pürieren und warm servieren.

Zu Krabbenkroketten mit Knob-lauch und Chili (S. 89) oder Steinbutt in Speck (S. 104) oder Langustinen mit Glasnudeln in Vanille (S. 132).

Fischfond

ZUTATEN

Für ca. 600 ml Fischfond

- 800 g Fischgräten, vorzugsweise von Plattfischen (Steinbutt, Seezunge, Petersfisch …)
- 30 g Butter
- 4 Schalotten, gehackt
- 300 ml Weißwein

》 Die Gräten in Stücke schneiden und unter kaltem Wasser waschen. Die Butter in einem Topf zerlassen und die Schalotten bei mittlerer Hitze 5 Minuten dünsten.

》 Den Weißwein zugießen. Kaltes Wasser nachgießen, bis alle Gräten bedeckt sind. Aufkochen und bei mittlerer Hitze 20 Minuten kochen, dabei regelmäßig den Schaum von der Oberfläche abschöpfen. Den Fischfond durch ein feines Sieb gießen.

Den Fischfond innerhalb von 48 Stunden verwenden oder in kleinen Plastikflaschen einfrieren. Sie können ihn auch in Eiswürfelbehälter füllen und so jederzeit kleine Mengen entnehmen.

Weißweinsud

ZUTATEN

Für 3 Liter Fischbrühe

- 1 große Zwiebel
- 1 Möhre
- 2,5 l Wasser
- 500 ml Weißwein
- 3 Zitronenscheiben
- 1 Zweig Rosmarin
- 2 Zweige Thymian
- 1 EL grobes Salz
- 15 Pfefferkörner

》 Die Zwiebel und die Möhre schälen und hacken.

》 Wasser und Weißwein in einen Topf gießen. Zwiebel und Möhre, Zitronenscheiben, Rosmarin, Thymian und Salz zugeben. Aufkochen und bei mittlerer Hitze 15 Minuten kochen. Den Herd ausschalten, die Pfefferkörner zugeben und die Brühe vollständig abkühlen lassen. Den Sud durch ein Sieb gießen.

》 Um Fisch in Weißweinsud zu garen, den Fisch in einen flachen Bräter legen und mit dem kalten Weißweinsud übergießen, bis er vollständig bedeckt ist. Vorsichtig aufkochen und je nach Größe des Fisches 10—20 Minuten bei schwacher Hitze kochen. Den Fisch je nach weiterer Verwendung abtropfen lassen und warm servieren oder im Weißweinsud abkühlen lassen.

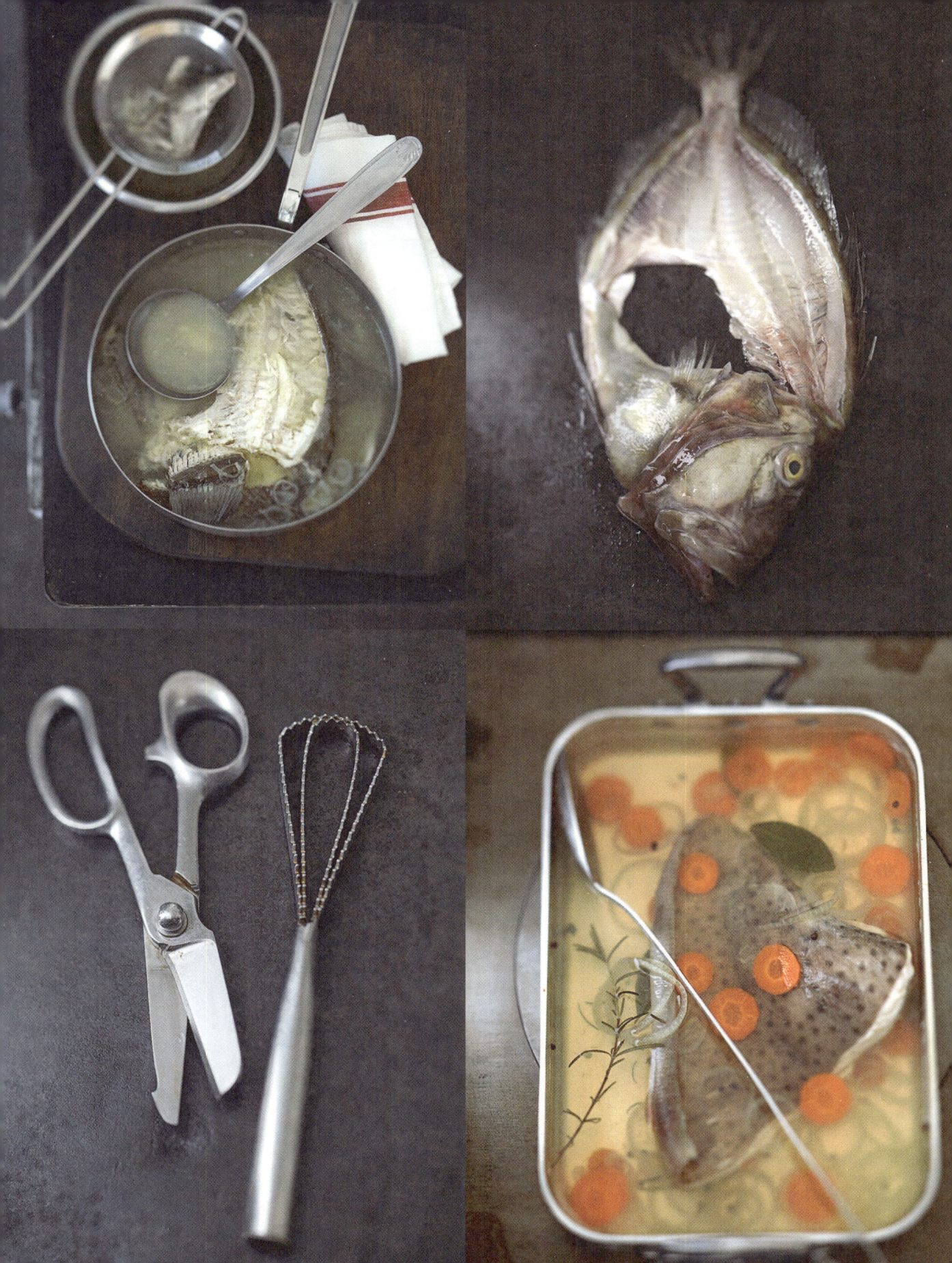

VOM GRILL!

GEGRILLTER SCHELLFISCH IN MEERRETTICHMARINADE

ZUBEREITUNGSZEIT: 30 Min.
MARINIERZEIT: 3 Std.
GARZEIT: 10 Min.

ZUTATEN

Für 6 Personen

- 100 ml Orangensaft
- Salz, Pfeffer aus der Mühle
- 150 ml Olivenöl
- 2 gehäufte EL Meerrettich
- 6 Schellfischfilets à 160–180 g
- 750 g festkochende Kartoffeln
- 3 Schalotten
- 1 kleiner Bund glatte Petersilie
- 3 EL Weinessig

》 Den Orangensaft in einer Schale mit Salz und Pfeffer verrühren. Die Hälfte des Olivenöls und den Meerrettich unterrühren.

》 Die Schellfischfilets in einen tiefen Teller legen und mit der Meerrettichmarinade übergießen. Mit Frischhaltefolie abdecken und 3 Stunden im Kühlschrank marinieren.

》 Die Kartoffeln waschen und in einem Topf mit kochendem Salzwasser 20 Minuten garen.

》 Die Schalotten schälen und hacken. Die Petersilie waschen und hacken.

》 Den Essig mit Salz und Pfeffer in einer Schüssel verrühren. Das restliche Olivenöl, Schalotten und Petersilie zugeben. Alles gut verrühren.

》 Den Planchagrill vorheizen.

》 Die Kartoffeln abgießen, aber nicht abschrecken. In Scheiben schneiden, zur Vinaigrette geben und sorgfältig vermengen.

》 Die Schellfischfilets aus der Marinade heben, abtropfen lassen und auf dem Planchagrill 5 Minuten von jeder Seite grillen.

》 Die gegrillten Fischfilets mit den lauwarmen Kartoffeln servieren. Die Marinade dazu reichen.

SEETEUFEL MIT SPECK UND SALBEI

ZUTATEN

Für 6 Personen

- 2 Schalotten
- 1 Knoblauchzehe
- 12 Blätter Salbei
- 180 g Butter
- Salz, Pfeffer aus der Mühle
- 6 Seeteufelfilets à ca. 160 g
- 12 Scheiben Frühstücksspeck
- 300 ml Fischfond (siehe Rezept S. 12)
- 9 grüne Tomaten
- 3 EL Olivenöl + etwas mehr für den Planchagrill

≫ Die Schalotten und die Knoblauchzehe schälen und hacken. 6 Salbeiblätter hacken.

≫ 100 g weiche Butter in einer kleinen Schüssel mit Schalotten, Knoblauch, den gehackten Salbeiblättern, Salz und Pfeffer verrühren.

≫ Die Seeteufelfilets längs aufschneiden und aufklappen. Die Innenseiten salzen, pfeffern und mit der Hälfte der Salbeibutter bestreichen. Die Filets wieder zuklappen und die Oberseite mit der restlichen Salbeibutter bestreichen. Jedes Fischfilet mit 2 Scheiben Frühstücksspeck fest umwickeln. In Frischhaltefolie einpacken und 6 Stunden in den Kühlschrank stellen.

≫ Den restlichen Salbei hacken. Den Fischfond in einen Topf gießen, mit Salz und Pfeffer abschmecken und 5 Minuten kochen. Die restliche Butter würfeln und bei starker Hitze kräftig einrühren. Den Salbei unterrühren. Die Sauce mit dem Pürierstab glätten und warmhalten, aber nicht mehr kochen.

≫ Den Planchagrill vorheizen und einölen.

≫ Die Tomaten waschen und halbieren. Die Schnittflächen salzen, pfeffern und mit Olivenöl beträufeln.

≫ Die Tomaten mit der Schnittfläche nach unten auf dem Planchagrill bräunen. Gleichzeitig die Fischfilets auf den Grill legen und 10–15 Minuten grillen, dabei regelmäßig wenden. Sofort mit der Salbeisauce servieren.

LACHSFILET AUF ORIENTALISCHE ART

ZUBEREITUNGSZEIT: 30 Min.
GARZEIT: 20 Min.

ZUTATEN

Für 6 Personen

- 100 ml Olivenöl + etwas mehr für den Planchagrill
- 3 runde Zucchini
- 18 Lauch- oder Frühlingszwiebeln mit Stängel
- 6 dicke Lachsfilets à ca. 180 g (mit abgeschuppter Haut)
- Fleur de Sel, Pfeffer aus der Mühle
- 1 Knoblauchzehe
- 1 Bund Koriander
- 1 gestrichener TL Kreuzkümmelpulver
- 1 gestrichener TL Korianderkörner
- 1 gehäufter TL Harissapaste
- 3 EL Zitronensaft

≫ Den Planchagrill auf mittlere Stufe vorheizen und leicht einölen.

≫ Die Zucchini waschen und in Scheiben schneiden. Die Lauch- oder Frühlingszwiebeln waschen.

≫ Die Lachsfilets mit Fleur de Sel und Pfeffer bestreuen. Mit der Haut nach unten auf den Grill legen.

≫ Zucchini und Zwiebeln neben die Filets ebenfalls auf den Grill legen. Die Lachsfilets 15–20 Minuten nur von einer Seite grillen (nicht wenden), bis das Fleisch weiß zu werden beginnt. Das Gemüse mehrfach wenden, bis es von allen Seiten gut geröstet ist.

≫ In der Zwischenzeit die Knoblauchzehe schälen. Den Koriander waschen, entstielen und in ein hohes Rührgefäß geben. Knoblauch, Kreuzkümmelpulver, Korianderkörner, Harissapaste, Zitronensaft und 1 Prise Salz zugeben. Mit dem Pürierstab ca. 20 Sekunden glätten.

≫ Die gegrillten Lachsfilets und das Gemüse mit der orientalischen Marinade beträufeln und sofort servieren. Die restliche Marinade dazu reichen.

SEEZUNGENFILETS IN KRÄUTERKRUSTE

ZUBEREITUNGSZEIT: **40 Min.**
GARZEIT: **10 Min.**

ZUTATEN
Für 6 Personen

- 1 Bund glatte Petersilie
- 1 Bund Kerbel
- 1 Bund Koriander
- 150 ml Olivenöl + etwas mehr für den Planchagrill
- 1 gestrichener TL rosa Pfefferkörner
- 140 g Paniermehl
- Salz, Pfeffer aus der Mühle
- 12 große Seezungenfilets
- 2 Schalotten
- 150 ml Weißwein
- 200 ml süße Sahne
- 150 g Butter
- Saft von 2 Zitronen

❯ Die Kräuter waschen und entstielen. Mit 3 EL Olivenöl in einen Mixer geben. Pfefferkörner, Paniermehl und etwas Salz zugeben. Zu einer grünen, krümeligen, leicht feuchten Panade mixen.

❯ Die Seezungenfilets salzen, pfeffern und mit der grünen Panade bestreichen. Die Panade leicht andrücken, damit sie haften bleibt. Kalt stellen.

❯ Die Schalotten schälen und hacken. In einen Topf geben und den Weißwein zugießen. Aufkochen und reduzieren, bis die Flüssigkeit fast vollständig verdampft ist. Die Sahne zugießen und um die Hälfte einkochen. Vom Herd nehmen und die gewürfelte Butter kräftig einrühren. Den Zitronensaft zugießen und mit Salz und Pfeffer abschmecken. Die Zitronenbutter durch ein feines Sieb gießen und im Wasserbad warm halten.

❯ Den Planchagrill vorheizen und leicht einölen.

❯ Die panierten Fischfilets 4–5 Minuten von jeder Seite grillen, dabei von beiden Seiten mit dem restlichen Olivenöl beträufeln.

❯ Die warme Zitronenbutter mit dem Pürierstab glätten. Die heißen Schollenfilets mit der Zitronenbutter servieren. Gegrillte Paprikaschoten oder parfümierten Reis dazu reichen.

Kabeljaufilets mit Chorizo und Manchego

ZUBEREITUNGSZEIT: 30 Min.
GARZEIT: 45 Min.

ZUTATEN

Für 6 Personen

- 150 ml Olivenöl + etwas mehr für den Planchagrill
- 4 rote Paprikaschoten
- 3 Knoblauchzehen
- Salz, Pfeffer aus der Mühle
- 6 Kabeljaufilets à ca. 160 g
- 1 gestrichener EL Espelettepfeffer
- 1 kleine, pikante Chorizo
- 200 g Manchego (spanischer Schafskäse)

≫ Den Planchagrill vorheizen und leicht einölen.

≫ Die Paprikaschoten häuten. Halbieren oder vierteln und mit den nicht geschälten Knoblauchzehen auf ein Stück Alufolie legen. Salzen, pfeffern und das Gemüse in der Alufolie so flach wie möglich einpacken. Das Päckchen auf den Planchagrill legen und 25–30 Minuten grillen, dabei regelmäßig wenden.

≫ In der Zwischenzeit die Kabeljaufilets längs aufschneiden und aufklappen. Die Innenseiten salzen und mit der Hälfte des Espelettepfeffers bestreuen.

≫ Die Chorizo pellen und in dünne Scheiben schneiden. Die Rinde vom Käse abschneiden und den Käse mit einem Schälmesser hobeln.

≫ Die Wurstscheiben und Käsespäne auf den Innenseiten der Kabeljaufilets verteilen. Die Fischfilets zuklappen und vorsichtig zusammenbinden. Salzen und mit dem restlichen Espelettepfeffer bestreuen. Mit etwas Öl einpinseln.

≫ Paprika und Knoblauch vom Grill nehmen und abkühlen lassen, bis sie lauwarm sind. Aus der Folie nehmen und die Knoblauchzehen ausdrücken. Das Gemüse mit 80–100 ml warmem Wasser, 100–120 ml Olivenöl, Salz und Pfeffer zu einem glatten Püree verrühren (etwas Wasser zugeben, wenn es zu trocken ist).

≫ Die Kabeljaufilets auf dem Planchagrill von jeder Seite 6–8 Minuten grillen. Sofort mit dem Paprikapüree servieren.

LACHSRÖLLCHEN MIT ROQUEFORT

ZUBEREITUNGSZEIT: 30 Min.
GARZEIT: 30 Min.

ZUTATEN

Für 6 Personen

- 900 g dicke Lachsfilets ohne Haut
- 220 g Blauschimmelkäse
  (z. B. Roquefort)
- 9 kleine Chicorées
- Salz, Pfeffer aus der Mühle
- 3 EL Olivenöl
- 2 EL Kümmelsamen

≫ Die Lachsfilets in 18 etwa 1,5 cm breite Streifen schneiden. Die dunklen Stellen entfernen.

≫ Je 1 kleines Stück Käse auf jeden Streifen legen. Die Streifen vorsichtig einrollen und mit Kochgarn zusammenbinden. Mit wenig Salz (der Käse ist bereits salzig) und Pfeffer bestreuen.

≫ Den Planchagrill auf niedriger Stufe vorheizen.

≫ Die äußeren Blätter der Chicorées entfernen. Die Chicorées kurz unter kaltem Wasser waschen. Am unteren Ende mit einem Messer über Kreuz einschneiden und den harten Strunk herausziehen. Die Chicorées längs halbieren. Salzen, pfeffern und mit Olivenöl bepinseln. Mit der Schnittseite nach unten auf den Planchagrill legen und 10–12 Minuten ohne Wenden grillen. Die Chicorées wenden, mit Kümmelsamen bestreuen und erneut mit Olivenöl bepinseln. Weitere 8–10 Minuten grillen. Vom Grill nehmen und warm halten. Den Planchagrill auf höchste Stufe stellen.

≫ Die Lachsröllchen auf den Grill legen und 4–5 Minuten grillen. Wenden und weitere 2 Minuten grillen: Der Lachs sollte ein wenig rosafarben bleiben. Sofort mit den gegrillten Chicorèes und einem Schuss Olivenöl servieren.

PETERSFISCH MIT MUSKATNUSS UND BLINI AUS SÜSSKARTOFFELN

ZUBEREITUNGSZEIT: 45 Min.
GARZEIT: 10 Min.

ZUTATEN

Für 6 Personen

- 600 g Süßkartoffeln
- 1 Knoblauchzehe
- 2 Muskatnüsse
- 900 g Filets vom Petersfisch
- Salz, Pfeffer aus der Mühle
- 2 Eier
- 2 gehäufte EL Mehl
- ½ Päckchen Trockenhefe
- 4 EL Quark
- 1 gestrichener TL Kümmelpulver
- 300 ml Fleischbrühe oder Kalbsfond
- 50 g Butter
- 3 EL Sonnenblumenöl für den Planchagrill
- Einige Stängel Koriander

》 Die Süßkartoffeln schälen, waschen und in Stücke schneiden. 20 Minuten in einem Topf mit kochendem Salzwasser mit der geschälten, aber ganzen Knoblauchzehe garen.

》 Die Muskatnüsse in einen großen Teller reiben.

》 Die Fischfilets in Stücke schneiden. Von einer Seite durch die geriebene Muskatnuss ziehen, salzen und pfeffern. Im Kühlschrank aufbewahren.

》 Die Kartoffelstücke 10 Minuten in einem Sieb abtropfen lassen. Mit der Knoblauchzehe in einem Mixer pürieren. Eier, Mehl, Hefe, Quark, Kümmelpulver, Salz und Pfeffer zugeben und alles zu einer glatten Masse mixen.

》 Die Fleischbrühe in einen Topf gießen und bei mittlerer Hitze 10 – 15 Minuten einkochen. Vom Herd nehmen und 30 g kalte Butter kräftig unterrühren. Mit Salz und Pfeffer abschmecken. Warm halten, aber nicht mehr kochen.

》 Für die Blini 1 Teelöffel Butter in einer Pfanne zerlassen, 1 großen Esslöffel Teig zugeben und flachdrücken. Die Blini 3–4 Minuten von jeder Seite braten. Warm halten. Die anderen Blini ebenso braten. (In einer großen Pfanne können Sie 3 oder 4 Blini gleichzeitig braten.)

》 Den Planchagrill vorheizen und leicht einölen. Die Fischfilets 3–4 Minuten von jeder Seite grillen, dabei mit der Muskatnussseite beginnen. Mit Koriander bestreuen und sofort mit den Blini und der warmen Fleischbrühe servieren.

MARINIERTER POLLACK MIT CHILI UND CHORIZO

ZUBEREITUNGSZEIT: 15 Min.
MARINIERZEIT: 6 Std.
GARZEIT: ca. 15 Min.

ZUTATEN
Für 6 Personen

- 1 kleine rote Chilischote
- 1 Knoblauchzehe
- 1 TL Ingwerpulver
- 1 TL Zucker
- 1 TL Paprikapulver
- Salz
- 150 ml Olivenöl
- 6 Pollacksteaks à ca. 250 g
- 24 dünne Scheiben Chorizo

› Die Chilischote entkernen und hacken. Den Knoblauch schälen und sehr fein hacken.

› 3 EL heißes Wasser in eine kleine Schüssel geben. Ingwerpulver, Zucker, Paprikapulver und Salz zugeben und alles gut verrühren. Unter Rühren das Olivenöl zugießen, dann Chilischote und Knoblauch unterrühren.

› Die Hälfte dieser Marinade in einen großen Teller gießen. Die Pollacksteaks hineinlegen und mit der restlichen Marinade übergießen. Mit Frischhaltefolie abdecken und 6 Stunden im Kühlschrank marinieren.

› Den Planchagrill vorheizen.

› Die Steaks aus der Marinade nehmen, abtropfen lassen und je nach Dicke 6–9 Minuten von jeder Seite grillen.

› 3 Minuten vor Ende der Grillzeit die Chorizoscheiben auf den Grill legen und 1–2 Minuten von jeder Seite grillen.

› Jeweils 4 Scheiben Chorizo auf ein Fischsteak legen, mit der Chilimarinade beträufeln und sofort servieren.

> Servieren Sie die Pollacksteaks mit Safranreis und gegrillten Paprikaschoten. Beträufeln Sie auch die Beilagen mit der Marinade.

FORELLENKROKETTEN MIT WASABI UND KOKOSSAUCE

ZUBEREITUNGSZEIT: **40 Min.**
GARZEIT: **10 Min.**

ZUTATEN

Für 6 Personen

- 700 g Filet von der Meerforelle ohne Haut
- 3 Schalotten
- 1 EL Wasabi
- 3 EL Olivenöl + etwas mehr für den Planchagrill
- Salz, Pfeffer aus der Mühle
- 1 große Zwiebel
- 150 ml Fischfond (siehe Rezept S. 12)
- 300 ml Kokosmilch
- 2 EL Ingwerpaste (aus dem Asialaden)
- 1 gestrichener EL Currypulver
- 600 g Zuckerschoten

≫ Dunkle Stellen und Gräten vom Forellenfilet entfernen. Das Fleisch sehr fein hacken. Die Schalotten schälen und hacken.

≫ Den gehackten Fisch mit Schalotten, Wasabi, der Hälfte des Olivenöls, Salz und Pfeffer in einer Schüssel vermischen. Mit den Händen 18 Fischkroketten formen, auf einen Teller legen und in den Kühlschrank stellen.

≫ Die Zwiebel schälen und hacken. Das restliche Olivenöl in einem Topf erhitzen und die Zwiebel 5 Minuten dünsten. Den Fischfond zugießen, aufkochen und um die Hälfte reduzieren. Die Kokosmilch zugießen, Ingwerpaste und Currypulver unterrühren. Mit Salz und Pfeffer abschmecken. Bei schwacher Hitze 15 Minuten kochen.

≫ In der Zwischenzeit die Zuckerschoten in einem großen Topf mit kochendem Salzwasser 3 Minuten vorgaren. Abgießen und unter kaltem Wasser abschrecken.

≫ Den Planchagrill vorheizen und leicht einölen.

≫ Die Forellenkroketten 5–7 Minuten grillen, dabei regelmäßig wenden. Die Zuckerschoten auf den Grill legen und weitere 3 Minuten grillen.

≫ Die Kokossauce mit dem Schneebesen schaumig aufschlagen und zu den Kroketten und Zuckerschoten servieren.

FILET VOM ROTEN KNURRHAHN MIT CURRY

ZUTATEN

Für 6 Personen

- 6 Rote Knurrhähne à ca. 400 g
- Salz, Pfeffer aus der Mühle
- 200 g Parmesan, frisch gerieben
- 60 ml Weinessig
- 1 gestrichener EL Currypulver
- 100 ml Olivenöl
- 250 g gemischter Salat

≫ Den Backofen auf 180 °C vorheizen.

≫ Die Fische abschuppen, filettieren und die Gräten entfernen. Die Fischfilets salzen und pfeffern. Bis zur Verwendung im Kühlschrank aufbewahren.

≫ Ein Backblech mit Backpapier auslegen und den Parmesan darauf verteilen. 8–10 Minuten im Ofen goldbraun backen. Abkühlen lassen und in Stücke brechen.

≫ Den Planchagrill vorheizen.

≫ Den Essig mit 3 EL Wasser in einem Topf erhitzen. Vom Herd nehmen, Currypulver, Salz und Pfeffer einrühren. Das Olivenöl unterrühren, sobald das Currypulver sich aufgelöst hat. Zu einer cremigen Vinaigrette mixen und abkühlen lassen.

≫ Die Fischfilets 3–4 Minuten von jeder Seite grillen, dabei mit der Hautseite beginnen. Mit der Hälfte der Curryvinaigrette beträufeln.

≫ Den gemischten Salat mit der restlichen Vinaigrette vermischen.

≫ Die Fischfilets heiß mit den Parmesankeksen und dem gemischten Salat servieren.

SPECKMAKRELEN MIT SCHARFEM PFEFFER

ZUBEREITUNGSZEIT: 30 Min.
GARZEIT: 10 Min.

ZUTATEN

Für 6 Personen

- 4 sehr große Makrelen (oder 6 mittelgroße)
- 20 dünne Scheiben Räucherspeck
- 3 EL Olivenöl
- 30 g Jamaikapfeffer, gemahlen
- Salz, Pfeffer aus der Mühle
- 800 g Kartoffeln
- 400 ml süße Sahne

≫ Die Makrelen abschuppen und die Köpfe entfernen. Die Makrelen weder aufschneiden noch ausnehmen, sondern in 18 große Stücke schneiden. Nun die Stücke einzeln ausnehmen (dabei nicht aufschneiden). Die Stücke waschen und mit einem sauberen Geschirrtuch trockentupfen.

≫ Jedes Stück mit einer Speckscheibe umwickeln und mit Kochgarn zusammenbinden. Die Schnittflächen mit Olivenöl beträufeln und im gemahlenen Pfeffer wenden. Den Pfeffer andrücken. Die Fischstücke salzen und in den Kühlschrank stellen.

≫ Die Kartoffeln waschen und 20 Minuten in einem Topf mit kochendem Salzwasser garen.

≫ Die restlichen Speckscheiben in Würfel schneiden und in einem Topf bräunen. Die Sahne zugießen und mit Salz und Pfeffer abschmecken. Aufkochen und 10 Minuten kochen, bis die Sauce eingedickt ist. Mit dem Pürierstab cremig aufschlagen.

≫ Die Kartoffeln abgießen und in Scheiben schneiden (nicht pellen). In den Topf mit der Sauce geben und warm halten.

≫ Den Planchagrill vorheizen.

≫ Die Makrelenstücke 4–5 Minuten von jeder Seite grillen. Sofort mit den Kartoffeln in der Sahnesauce servieren.

FISCH UND FLEISCH VOM GRILL MIT CIDRE-VINAIGRETTE

ZUBEREITUNGSZEIT: **30 Min.**
MARINIERZEIT: **2 Std.**
GARZEIT: **15 Min.**

ZUTATEN

Für 6 Personen

- 3 Barsche à ca. 800–900 g
- 250 ml Apfelessig
- Salz, Pfeffer aus der Mühle
- 3 EL Olivenöl
- 1 gehäufter EL brauner Zucker
- 140 g leicht gesalzene Butter
- 500 g Innereienwurst vom Schwein
  (z. B. Andouille de Guémené)

❯ Die Barsche abschuppen und die Köpfe entfernen. Die Fische vorsichtig ausnehmen und in Stücke schneiden. Unter kaltem Wasser abwaschen.

❯ 3 EL Apfelessig mit Salz und Pfeffer in einer kleinen Schüssel verrühren, dann das Olivenöl zugeben. Die Hälfte dieser Sauce in einen tiefen Teller gießen. Die Fischstücke hineinlegen und mit der restlichen Sauce bepinseln. Mit Frischhaltefolie abdecken und 2 Stunden im Kühlschrank marinieren.

❯ Den restlichen Apfelessig in einem Topf mit 100 ml Wasser und dem braunen Zucker bei starker Hitze um die Hälfte einkochen. Die Hitze reduzieren, die Butter würfeln und kräftig einrühren. Vorsichtig mit Salz und Pfeffer abschmecken. 3 Minuten bei starker Hitze kochen. Die Sauce mit dem Pürierstab schaumig aufschlagen und warm halten.

❯ Den Planchagrill vorheizen. Die Haut von der Wurst abziehen und die Wurst in 5–6 mm dicke Scheiben schneiden. Jede Scheibe halbieren.

❯ Die Fischstücke aus der Marinade heben und die überschüssige Marinade abtupfen. 5–6 Minuten von einer Seite grillen, dann erst wenden. Nun auch die Wurstscheiben auf den Grill legen. Weitere 5–6 Minuten grillen, die Wurst dabei 1–2 mal wenden.

❯ Wurst und Fleisch mit der Cidre-Vinaigrette servieren. Gebratenen Fenchel oder Tagliatelle dazu reichen.

ZUBEREITUNGSZEIT: **15 Min.**
MARINIERZEIT: **4 Std.**
GARZEIT: **20 Min.**

ROTER THUN MEDIUM MIT ZWEIFACHEM KORIANDER

ZUTATEN

Für 6 Personen

- 1 Knoblauchzehe
- 1 großer Bund frischer Koriander
- 1 gehäufter EL Korianderkörner
- 1 gestrichener TL Ingwerpulver
- 150 ml Olivenöl
- Salz, Pfeffer aus der Mühle
- 1 kg roter Thunfisch
- 2 große Zucchini

》 Die Knoblauchzehe schälen. Den Koriander waschen und zupfen.

》 Die Korianderkörner in einen Mixer geben. Frischen Koriander, Knoblauch, Ingwerpulver, Olivenöl, Salz und Pfeffer zugeben. 2 Minuten mixen.

》 Den Thunfisch in 6 dicke Scheiben schneiden.

》 Die Hälfte der Koriandermarinade in einen tiefen Teller gießen. Die Fischstücke hineinlegen und mit der restlichen Marinade übergießen. Mit Frischhaltefolie abdecken und 4 Stunden im Kühlschrank marinieren.

》 Die Zucchini waschen und in 5–7 mm dicke Scheiben schneiden. Salzen und pfeffern.

》 Den Planchagrill vorheizen.

》 Die Thunfischstücke aus der Marinade heben und abtropfen lassen.

》 Die Zucchinischeiben 5 Minuten auf dem Grill bräunen. Wenden und weitere 5 Minuten bräunen. Nun auch die Thunfischstücke auf den Grill legen und 8–10 Minuten von einer Seite grillen, nur 1–2 Minuten von der anderen Seite: Der Fisch sollte innen noch etwas roh sein (bei dünnen Scheiben die Grillzeit reduzieren).

》 Thunfisch und Zucchini mit der Marinade beträufeln und servieren.

Grillen Sie eine in Scheiben geschnittene Fenchelknolle mit den Zucchini auf dem Planchagrill.

41

SCHWERTFISCH IN KRÄUTERSAUCE

ZUBEREITUNGSZEIT: 30 Min.
GARZEIT: 15 Min.

ZUTATEN
Für 6 Personen

- 1 kleiner Bund glatte Petersilie
- 6 Frühlingswziebeln mit grünem Stiel
- 1 kleine rote Chilischote
- 4 Knoblauchzehen
- Salz, Pfeffer aus der Mühle
- Saft von 2 Zitronen
- 100 ml Traubenkern- oder Sonnenblumenöl + etwas mehr für den Planchagrill
- 1 gehäufter EL brauner Zucker
- 1 gehäufter TL Wasabi
- 6 Schwertfischsteaks à ca. 180 g

≫ Für die Kräutersauce: Die Petersilie waschen und hacken. Die Frühlingszwiebeln schälen, etwa 5 cm Grün stehen lassen und in dünne Ringe schneiden. Die Chilischote entkernen und hacken. Die Knoblauchzehen schälen und hacken.

≫ In einer kleinen Schüssel Petersilie, Chili, Knoblauch, Frühlingszwiebeln, Salz und Pfeffer verrühren.

≫ Den Zitronensaft in einen Topf gießen. 3 EL Wasser, Öl und braunen Zucker zugeben. Bei mittlerer Hitze erwärmen. Kurz vor dem Aufkochen vom Herd nehmen und zu den anderen Zutaten gießen. Das Wasabi unterrühren und abkühlen lassen.

≫ Den Planchagrill vorheizen und leicht einölen.

≫ Die Schwertfischsteaks salzen und pfeffern und 6–8 Minuten von jeder Seite grillen. Sofort mit der Kräutersauce übergießen und servieren.

Servieren Sie einen Tomatensalat in einer Vinaigrette aus Sherry- und Balsamicoessig zu diesem Gericht.

Sardinen mit Kräuterpesto

ZUBEREITUNGSZEIT: 30 Min.
GARZEIT: 10 Min.

ZUTATEN
Für 6 Personen

- 18 große Sardinen
- 750 g Kartoffeln
- 4 Knoblauchzehen
- 1 kleiner Bund Koriander
- 1 kleiner Bund Kerbel
- 1 kleiner Bund Estragon
- 1 kleiner Bund glatte Petersilie
- 30 g Pinienkerne
- 50 g Parmesan, gerieben
- 200 ml Olivenöl + etwas mehr für den Planchagrill
- Salz, Pfeffer aus der Mühle
- 30 g Butter

》 Die Sardinen ausnehmen, unter kaltem Wasser abwaschen und in einem Sieb abtropfen lassen.

》 Die Kartoffeln waschen, nicht schälen, und 15 Minuten in einem Topf mit kochendem Salzwasser garen. Abgießen und unter kaltem Wasser abschrecken.

》 1 Knoblauchzehe schälen und entkeimen.

》 Alle Kräuter waschen und zupfen. Mit der Knoblauchzehe, den Pinienkernen und dem Parmesan in einen Mixer geben. Ca. 2 Minuten mixen, dann 150 ml Olivenöl, Salz und Pfeffer zugeben und noch einmal 1 Minute zu einem glatten Pesto mixen. In einer kleinen Schüssel aufbewahren.

》 Die restlichen Knoblauchzehen schälen und fein hacken.

》 Das restliche Öl und die Butter in einer Pfanne erhitzen. Die Kartoffeln halbieren und in die Pfanne geben. Salzen, pfeffern und 10—15 Minuten braten, dabei nach der Hälfte der Bratzeit den gehackten Knoblauch unterrühren.

》 Den Planchagrill vorheizen und leicht einölen.

》 Die Sardinen salzen und pfeffern. 4—5 Minuten von jeder Seite grillen.

》 Die Sardinen auf die Servierteller verteilen und mit dem Kräuterpesto beträufeln. Die Knoblauchkartoffeln zugeben und sofort servieren.

GOLDBRASSE MIT SESAM UND TOMATENMUS

ZUBEREITUNGSZEIT: 45 Min.
GARZEIT: 10 Min.

ZUTATEN
Für 6 Personen

- 6 Goldbrassen à ca. 400 g
- 3 EL Olivenöl + etwas mehr zum Bepinseln der Fische
- 140 g Sesamsamen
- Salz, Pfeffer aus der Mühle
- 6 große Tomaten
- 5 Schalotten
- 1 gehäufter EL brauner Zucker
- 2 EL Sherryessig
- 3 EL Balsamicoessig
- 3 EL Sesamöl

❯ Die Goldbrassen abschuppen, filettieren und die Gräten entfernen (oder diese Arbeiten von Ihrem Fischhändler erledigen lassen). Die Fischfilets mit Olivenöl bepinseln und die Hautseite in 120 g Sesamsamen panieren. Die Samen leicht andrücken. Salzen, pfeffern und bis zur Verwendung im Kühlschrank aufbewahren.

❯ Die Tomaten 20 Sekunden in einem Topf mit kochendem Wasser blanchieren. Abgießen und unter kaltem Wasser abschrecken. Die Haut abziehen, die Kerne entfernen und das Fruchtfleisch grob hacken.

❯ Die Schalotten schälen und hacken. 3 Esslöffel Olivenöl in einem Topf erhitzen und die Schalotten 5 Minuten dünsten. Die gehackten Tomaten und den Zucker zugeben. Mit Salz und Pfeffer abschmecken und bei mittlerer Hitze 30 Minuten kochen, dabei regelmäßig rühren.

❯ Die restlichen Sesamsamen in einer antihaftbeschichteten Pfanne ohne weiteres Fett bei schwacher Hitze 2 Minuten rösten. Abkühlen lassen.

❯ In einem hohen Rührgefäß Sherry- und Balsamicoessig mit 3 Esslöffeln warmem Wasser, Salz und Pfeffer verrühren. Das Sesamöl, das restliche Olivenöl und die gerösteten Sesamsamen zugeben. Mit dem Pürierstab etwa 20 Sekunden zu einer cremigen Vinaigrette pürieren.

❯ Den Planchagrill vorheizen und leicht einölen.

❯ Die panierten Fischfilets mit der Hautseite nach unten auf den Grill legen und 5 Minuten grillen. Wenden und weitere 4–5 Minuten grillen.

❯ Die Fischfilets mit der Sesamvinaigrette beträufeln und mit dem Tomatenmus servieren.

STEINBUTT IN MOHN

ZUBEREITUNGSZEIT: 45 Min.
GARZEIT: 20 Min.

ZUTATEN
Für 6 Personen

- 2 Mangold
- 6 Scheiben vom Steinbutt
  à ca. 350–400 g
- Salz, Pfeffer aus der Mühle
- 100 ml Olivenöl
- 150 g Mohnsamen

Für die Sauce Béarnaise mit Basilikum

- 2 große Schalotten, geschält und
  gehackt
- 1 gehäufter TL Mignonettepfeffer
- 150 ml Weißweinessig
- 300 g Butter
- 5 Eigelbe
- 15 Blätter Basilikum, gehackt

≫ Die grünen Mangoldblätter entfernen. Die Stiele waschen, nicht schneiden und in einem großen Topf mit kochendem Salzwasser 15 Minuten garen. Abgießen und unter kaltem Wasser abschrecken.

≫ Schalotten, Mignonettepfeffer und Essig in einen Topf geben und bei mittlerer Hitze 8–10 Minuten einkochen. Abkühlen lassen.

≫ Die Fischscheiben salzen, pfeffern und mit Olivenöl bepinseln. Mit den Mohnsamen panieren.

≫ Für die Basilikum-Béarnaise: Die Butter in einen Topf geben und im Wasserbad zerlassen. Die Kaseine von der Oberfläche abschöpfen, um die Butter zu klären. Die Eigelbe mit 2 Esslöffeln Wasser unter die eingekochten Schalotten rühren. Bei sehr schwacher Hitze unter ständigem Rühren mit dem Schneebesen 6–8 Minuten schaumig aufschlagen. Vom Herd nehmen und 3 Minuten weiter schlagen, bis die Creme nicht mehr kocht. Nach und nach die geklärte Butter unterrühren. Mit Salz und Pfeffer abschmecken. Die Sauce Béarnaise durch ein feines Sieb drücken.

≫ Die Basilikumblätter unterrühren und die Sauce warm halten.

≫ Den Planchagrill vorheizen.

≫ Die Mangoldstiele längs halbieren. Mit Olivenöl einpinseln, salzen und pfeffern.

≫ Fisch und Mangoldstiele zusammen auf den Grill legen: den Fisch 8–10 Minuten von jeder Seite grillen, die Mangoldstiele häufig wenden. Mit der Basilikum-Béarnaise servieren.

Rotbarbe gefüllt mit Oliven und Fenchel

ZUTATEN
Für 6 Personen

- 6 Rotbarben à ca. 300–400 g
- 1 mittelgroße Fenchelknolle
- 1 Knoblauchzehe
- 80 g schwarze entkernte Oliven
- 6 Basilikumblätter
- 100 ml Olivenöl + etwas mehr für den Planchagrill
- Salz, Pfeffer aus der Mühle
- 50 g Pinienkerne
- 1 EL schwarze Oliventapenade

≫ Die Rotbarben abschuppen, ausnehmen und unter kaltem Wasser waschen. Bis zur Verwendung im Kühlschrank aufbewahren.

≫ Den Fenchel waschen und hacken. Die Knoblauchzehe schälen und hacken. Die Oliven grob hacken. Das Basilikum zupfen.

≫ Die Hälfte des Olivenöls in einer Pfanne erhitzen. Fenchel und Knoblauch bei schwacher Hitze 10–15 Minuten dünsten. Mit Salz und Pfeffer abschmecken.

≫ Die Oliven zugeben, dann Pinienkerne und Basilikum. Weitere 5 Minuten kochen. Abkühlen lassen.

≫ Das restliche Olivenöl in einer kleinen Schüssel mit der Tapenade verrühren. Beiseitestellen.

≫ Den Planchagrill vorheizen und leicht einölen.

≫ Die Rotbarben vorsichtig mit der Fenchelmischung füllen. Mit Kochgarn zusammenbinden und mit Salz und Pfeffer bestreuen.

≫ Die Rotbarben 5–6 Minuten von jeder Seite grillen. Mit dem Tapenadenöl beträufeln und sofort servieren.

Servieren Sie einen Gemüseauflauf zu den Rotbarben.

STOCKFISCH VOM GRILL MIT KNOBLAUCHPÜREE

ZUBEREITUNGSZEIT: 40 Min.
GARZEIT: 15 Min.

ZUTATEN
Für 6 Personen

- 1 Zwiebel
- 40 g frischer Ingwer
- 1 kleine rote Chilischote
- 100 ml Traubenkern- oder Sonnenblumenöl + etwas mehr für den Planchagrill
- 1 TL Zucker
- 2 EL Fischsauce (Nuoc Mam)
- 3 EL Weißweinessig
- Saft von 2 Zitronen
- Salz, Pfeffer aus der Mühle
- 900 g Kartoffeln
- 4 Knoblauchzehen
- 200 ml Milch
- 60 g Butter
- 2 EL Crème fraîche
- 6 Stockfischsteaks à ca. 160 g (vorher gewässert)

≫ Für die scharfe Sauce: Die Zwiebel schälen und hacken. Den Ingwer schälen und reiben. Die Chilischote entkernen und hacken.

≫ 2 Esslöffel Traubenkernöl in einem Topf erhitzen und die Zwiebel 5 Minuten dünsten. Zucker, Ingwer, Fischsauce, Essig, Zitronensaft und Salz zugeben und alles aufkochen. Das restliche Öl zugießen und 3 Minuten erhitzen. Den Herd ausschalten und die Chilischote unterrühren. Abkühlen lassen.

≫ Die Kartoffeln waschen und in Würfel schneiden. 20 Minuten in einem Topf mit kochendem Salzwasser garen.

≫ Die Knoblauchzehen schälen und in einem kleinen Topf mit kochendem Salzwasser 5 Minuten garen und abgießen. Die Milch in einem Topf erhitzen.

≫ Die Kartoffeln abgießen und mit den Knoblauchzehen zerstampfen. Die gewürfelte Butter, die heiße Milch und die Crème fraîche zugeben und unterrühren. Mit Salz und Pfeffer abschmecken und zu einem cremigen Püree verrühren. Im Wasserbad warm halten.

≫ Den Planchagrill vorheizen und leicht einölen.

≫ Die gewässerten Fischsteaks auf den Grill legen und 6–7 Minuten von jeder Seite grillen. Mit der scharfen Sauce beträufeln und mit dem Püree servieren.

ROTBARBENFILET MIT CURRY UND SAUBOHNEN

ZUBEREITUNGSZEIT: 45 Min.
MARINIERZEIT: 4 Std.
GARZEIT: 5 Min.

ZUTATEN
Für 6 Personen

- 6 große Rotbarben
- 1 Knoblauchzehe
- 30 g Ingwerwurzel
- 2 EL Zitronensaft
- 1 gestrichener EL Currypulver
- Salz, Pfeffer aus der Mühle
- 150 ml Olivenöl
- 3 kg frische Saubohnen

》 Die Rotbarben abschuppen, vorsichtig filettieren und die Gräten entfernen (am besten fragen Sie Ihren Fischhändler).

》 Die Knoblauchzehe schälen, sehr fein hacken und zerdrücken. Den Ingwer schälen und reiben.

》 Zitronensaft, Currypulver, Salz und Pfeffer in einer kleinen Schüssel verrühren. Knoblauch, Ingwer und die Hälfte des Olivenöls unterrühren.

》 Die Hälfte dieser Marinade in einen tiefen Teller gießen. Die Fischfilets mit der Fleischseite nach unten hineinlegen und mit der restlichen Marinade übergießen. Mit Frischhaltefolie abdecken und 4 Stunden im Kühlschrank marinieren.

》 In der Zwischenzeit die Saubohnen aushülsen und in einem großen Topf mit kochendem Salzwasser 5 Minuten garen. Abgießen und unter kaltem Wasser abschrecken. Die Haut vorsichtig abziehen.

》 Den Planchagrill vorheizen.

》 Die Bohnen in einer Schüssel mit dem restlichen Olivenöl verrühren. Mit Salz und Pfeffer abschmecken. Die Fischfilets aus der Marinade nehmen.

》 Die Bohnen auf eine Seite des Planchagrills legen und 5 Minuten unter Rühren grillen. Gleichzeitig die Fischfilets 2–3 Minuten von jeder Seite grillen. Sofort servieren.

LACHS IM NETZ MIT SPECK UND ZWIEBEL

ZUTATEN

Für 6 Personen

- 80 ml Olivenöl + etwas mehr für den Planchagrill
- 1 große rote Zwiebel, geschält und gehackt
- 1 EL flüssiger Honig
- 1 gestrichener TL Kreuzkümmelpulver
- 2 Prisen Zimt
- 9 große Scheiben Bacon, in Stücke geschnitten
- 800 g dicke Lachsfilets ohne Haut
- 3 Stängel glatte Petersilie
- Salz, Pfeffer aus der Mühle
- 1 großes Stück Schweinenetz (von Ihrem Metzger)

≫ 3 EL Olivenöl in einer Pfanne erhitzen und die Zwiebel bei mittlerer Hitze 6–8 Minuten dünsten. Honig, Kreuzkümmelpulver und Zimt unterrühren und alles leicht karamellisieren lassen. Den gewürfelten Bacon zugeben und bei mittlerer Hitze weitere 3–4 Minuten unter Rühren braten. Abkühlen lassen.

≫ Dunkle Stellen und Gräten von den Lachsfilets entfernen. Die Fischfilets fein hacken. Die Petersilie waschen und hacken.

≫ Den gehackten Lachs in einer Schüssel mit der Petersilie verrühren. Mit Salz und Pfeffer abschmecken.

≫ 12 etwa 15 × 15 cm große Quadrate aus dem Schweinenetz schneiden.

≫ 12 Frikadellen aus der Fischmasse formen. Je 1 Frikadelle in die Mitte eines Schweinenetzquadrates legen und fest einpacken. Die Frikadellen mit der Hand etwas abflachen.

≫ Den Planchagrill vorheizen und leicht einölen.

≫ Die Fischpäckchen mit dem restlichen Olivenöl einpinseln und 6–8 Minuten von jeder Seite grillen. Sofort mit gemischtem Salat servieren.

HERINGE UND KARTOFFELN VOM GRILL MIT SENF

ZUBEREITUNGSZEIT: 30 Min.
GARZEIT: 10 Min.

ZUTATEN

Für 6 Personen

- 12 frische Heringe
- 3 EL Olivenöl
- 80 g Senfkörner
- Salz, Pfeffer aus der Mühle
- 800 g blaue Kartoffeln
  (z. B. Vitelotte)
- 150 ml Fischfond (siehe
  Rezept S. 12)
- 400 ml flüssige Sahne
- 2 gehäufte EL scharfer Senf

≫ Die Heringe ausnehmen und unter kaltem Wasser waschen. Mit Olivenöl bepinseln und auf einen flachen Teller legen. Von beiden Seiten mit den Senfkörnern bestreuen, salzen und pfeffern. Bis zur Verwendung im Kühlschrank aufbewahren.

≫ Die Kartoffeln schälen und waschen. 20 Minuten in einem Topf mit kochendem Salzwasser garen.

≫ In der Zwischenzeit den Fischfond in einen Topf gießen und 5 Minuten kochen. Die Sahne zugießen und mit Salz und Pfeffer abschmecken. Bei mittlerer Hitze 8–10 Minuten zu einer leicht dickflüssigen Sauce einkochen. Den Senf einrühren. Die Sauce warm halten, aber nicht mehr kochen.

≫ Den Planchagrill vorheizen.

≫ Die Kartoffeln abgießen und unter kaltem Wasser abschrecken. In Stücke schneiden.

≫ Die Kartoffeln auf eine Seite des Planchagrills legen und 8–10 Minuten bräunen. Gleichzeitig die Heringe 4–5 Minuten von jeder Seite grillen.

≫ Heringe und Kartoffeln auf die Servierteller verteilen. Mit der Senfsauce beträufeln und sofort servieren.

SEETEUFEL MIT GEGRILLTEM LAUCH UND ROTEN ZWIEBELN

ZUBEREITUNGSZEIT: **30 Min.**
GARZEIT: **30 Min.**

ZUTATEN
Für 6 Personen

- 900 g Seeteufelfilet
- Salz, Pfeffer aus der Mühle
- 12 kleine oder 6 mittelgroße
  Lauchstangen
- 120–150 ml Olivenöl
- 1 kleiner Bund Koriander
- 3 EL Zitronensaft
- 1 gestrichener EL Koriandersamen
- 1 Messerspitze Harissapaste
- 3 rote Zwiebeln

》 Das Seeteufelfilet in 18 etwa 1 cm dicke Scheiben schneiden. Salzen, pfeffern und bis zur Verwendung im Kühlschrank aufbewahren.

》 Die Lauchstangen waschen und die harten, grünen Teile entfernen. Die Stangen längs halbieren.

》 Den Planchagrill auf niedriger Stufe vorheizen.

》 Den Lauch mit etwas Öl bepinseln und auf den Grill legen. 20–25 Minuten grillen, dabei regelmäßig wenden und mit Olivenöl beträufeln. Mit Salz und Pfeffer abschmecken.

》 In der Zwischenzeit den Koriander waschen und entstielen. In einem hohen Rührgefäß Zitronensaft, Salz, Pfeffer, Koriandersamen, Harissapaste, die Hälfte des frischen Korianders und 100 ml Olivenöl verrühren. Mit dem Pürierstab zu einer cremigen Vinaigrette aufschlagen.

》 Die Zwiebeln schälen und hacken. Die restlichen Korianderblätter ebenfalls hacken. Die Hälfte der Zitronenvinaigrette mit Koriander und Zwiebeln in einer Schüssel verrühren.

》 Sobald der Lauch weich ist vom Grill nehmen und den Grill auf höchste Stufe stellen.

》 Die Fischscheiben 3–4 Minuten von jeder Seite grillen.

》 Lauch und Zwiebelsalat auf die Servierteller verteilen. Jeweils 3 Fischscheiben zugeben. Mit der restlichen Zitronenvinaigrette beträufeln und sofort servieren.

Jakobsmuscheln mit eingelegten Zitronen

ZUBEREITUNGSZEIT: 30 Min.
GARZEIT: 5 Min.

ZUTATEN
Für 6 Personen

- 600 g junger Blattspinat
- ½ eingelegte Zitrone
- 2 Stängel Koriander
- 80 ml Reisessig
- 1 EL flüssiger Honig
- Salz, Pfeffer aus der Mühle
- 100 ml Olivenöl + etwas mehr für den Planchagrill
- 3 EL Orangensaft
- 30 frische Jakobsmuscheln ohne Schale

》 Den Spinat waschen und gründlich abtropfen. Die Kerne der eingelegten Zitrone entfernen und das Fruchtfleisch in kleine Stücke schneiden. Den Koriander entstielen und hacken.

》 Den Reisessig mit Honig, Salz und Pfeffer in einem Topf erwärmen. Vom Herd nehmen, Olivenöl, Zitronenstücke, gehackten Koriander und Orangensaft zugeben. Sorgfältig verrühren und mit dem Pürierstab zu einer cremigen Vinaigrette aufschlagen.

》 Den Planchagrill vorheizen und leicht einölen.

》 Die Jakobsmuscheln salzen und pfeffern und 2–3 Minuten von jeder Seite grillen. Vom Grill nehmen und warm halten.

》 Den Spinat auf den heißen Grill legen und 2 Minuten unter ständigem Rühren grillen.

》 Den Spinat auf die Servierteller verteilen. Jeweils 5 Muscheln auf die einzelnen Teller legen und alles mit der Zitronen-vinaigrette beträufeln.

AUSTERNSPIESSE MIT ZITRONENGRAS

ZUBEREITUNGSZEIT: 45 Min.
MARINIERZEIT: 6 Std.
GARZEIT: 10 Min.

ZUTATEN

Für 6 Personen

- 30 mittelgroße Austern
- 1 kleine rote Chilischote
- 2 Stängel Zitronengras
- 3 Stängel Koriander
- 1 Zwiebel
- 100 ml Olivenöl
- Salz, Pfeffer aus der Mühle
- 3 EL gesüßte Sojasauce
- 2 EL Fischsauce (Nuoc Mam)
- 1 gehäufter EL Zucker
- 2 Eier
- 80 g Mehl
- 200 g japanisches Panko-Paniermehl oder normales Paniermehl
- 3 EL Sonnenblumen- oder Traubenkernöl für den Planchagrill

≫ Die Austern über einen Topf halten, öffnen und das Fleisch vorsichtig ablösen. In den Topf geben und den Herd anstellen. Sobald sie zu sieden beginnen, den Herd ausstellen und die Austern in der Flüssigkeit abkühlen lassen. Auf Küchenpapier abtropfen und in einen tiefen Teller legen.

≫ Die Chilischote entkernen und hacken. Die äußeren Blätter vom Zitronengras entfernen und die weichen Teile fein hacken. Den Koriander waschen und hacken. Die Zwiebel schälen und hacken.

≫ 2 Esslöffel Olivenöl in einem Topf erhitzen und die Zwiebeln bei schwacher Hitze 5 Minuten dünsten. Chilischote, Zitronengras, Salz und Pfeffer zugeben. Weitere 2 Minuten dünsten. Sojasauce, Fischsauce, Zucker, das restliche Olivenöl und den Koriander zugeben. Alles verrühren und 2 Minuten erhitzen. Den Herd ausschalten und abkühlen lassen.

≫ Die Austern mit der Marinade übergießen. Mit Frischhaltefolie abdecken und 6 Stunden im Kühlschrank marinieren.

≫ Die Eier in einem tiefen Teller verquirlen. Mehl und Paniermehl auf 2 weitere Teller verteilen.

≫ Die Austern aus der Marinade heben und nacheinander erst im Mehl, in den verquirlten Eiern und im Paniermehl wenden. Die Austern einzeln auf Spießchen stecken.

≫ Den Planchagrill vorheizen und großzügig mit Sonnenblumen- oder Traubenkernöl bepinseln.

≫ Die Austernspieße 3–5 Minuten von jeder Seite grillen und sofort servieren. (Sie können die Marinade zum Dippen dazu reichen.)

JAKOBSMUSCHELSPIESSE MIT SHIITAKE-PILZEN UND NÜSSEN

ZUBEREITUNGSZEIT: 40 Min.
GARZEIT: 10 Min.

ZUTATEN

Für 6 Personen

- 400 g Shiitake-Pilze
- 100 g Haselnüsse
- 20 g Erdnüsse
- 1 EL Zucker
- 2 Prisen Paprikapulver
- 3 EL Olivenöl
- 75 g Paniermehl
- Salz, Pfeffer aus der Mühle
- 24 große Jakobsmuscheln

≫ Die Pilze kurz unter kaltem Wasser waschen und auf Küchenpapier abtropfen lassen. In große Stücke schneiden.

≫ Haselnüsse, Erdnüsse, Zucker, Paprikapulver, 1 Esslöffel Olivenöl und das Paniermehl in einen Mixer geben und 2 Minuten zu einer glatten Nusspanade mixen.

≫ Den Planchagrill vorheizen und großzügig einölen.

≫ Die Shiitake-Pilze 4–5 Minuten grillen, dabei regelmäßig wenden. Salzen und pfeffern. Vom Grill nehmen und abkühlen lassen.

≫ Je 4 Jakobsmuscheln abwechselnd mit den Pilzen auf Spieße stecken. Die Spieße salzen und pfeffern.

≫ Den Grill erneut großzügig mit Öl bepinseln und die Spieße 2–3 Minuten von einer Seite grillen. Wenden, mit der Nusspanade bestreichen und weitere 2 Minuten bräunen.

≫ Die Spieße vom Grill nehmen und die restliche Panade weitere 2 Minuten bräunen, bis sie leicht karamellisiert, dabei mit einem Spachtel regelmäßig wenden.

≫ Die geröstete Panade über die Spieße geben und sofort servieren. Reichen Sie dazu Spaghetti oder Linguine mit Sesam und Wasabi.

Knusprige Venusmuscheln mit Ingwer

ZUBEREITUNGSZEIT: 30 Min.
GARZEIT: 10 Min.

ZUTATEN

Für 6 Personen

- 4 kg Venusmuscheln
- 2 Zwiebeln
- 1 Stangensellerie
- 100 ml Olivenöl
- 150 ml Weißwein
- Salz, Pfeffer aus der Mühle
- 3 Knoblauchzehen
- 1 Bund Koriander
- 70 g Ingwerwurzel
- 80 g Paniermehl
- 3 EL Sojasauce

> Servieren Sie gebratene Nudeln mit Sojasauce zu den Venusmuscheln.

》 Die Muscheln mehrfach im Wasserbad waschen. In einem Sieb abtropfen lassen.

》 1 Zwiebel schälen und hacken. Den Sellerie schälen und fein würfeln.

》 Ein Drittel des Olivenöls in einem Bräter erhitzen. Die gehackte Zwiebel und die Selleriewürfel bei mittlerer Hitze 5 Minuten dünsten. Muscheln und Weißwein zugeben und mit Pfeffer bestreuen. Den Deckel auflegen und die Muscheln bei starker Hitze 10 Minuten kochen, dabei nach der Hälfte der Kochzeit durchrühren. Die Muscheln abkühlen lassen und die Schalen entfernen.

》 Die zweite Zwiebel und die Knoblauchzehen schälen und hacken. Den Koriander waschen und hacken. Den Ingwer schälen und fein hacken.

》 Den Planchagrill vorheizen. Ein Drittel des Olivenöls auf den Grill geben und Zwiebel und Knoblauch mit etwas Salz und Pfeffer 5 Minuten anbraten, dabei mit einem Spachtel häufig wenden. Den Ingwer zugeben und weitere 5 Minuten braten.

》 Die Muscheln auf den Grill geben. Paniermehl, Koriander und das restliche Olivenöl zugeben. Alles 5 Minuten bräunen, dabei ständig rühren, bis die Muscheln vollständig mit dem Paniermehl und dem Gemüse überzogen sind.

》 Die Muscheln mit der Sojasauce beträufeln. Vom Grill nehmen und sofort servieren.

GEBRATENE MUSCHELN MIT SÜSSKARTOFFELN

ZUBEREITUNGSZEIT: **40 Min.**
GARZEIT: **30 Min.**

ZUTATEN
Für 6 Personen

- 5 kg Zuchtmuscheln
- 1 Zwiebel
- 1 Stangensellerie
- 30 g Butter
- 200 ml Weißwein
- 1 Bouquet garni
- Salz, Pfeffer aus der Mühle
- 1 kg Süßkartoffeln
- 100 ml Olivenöl + etwas mehr für den Planchagrill
- 350 g Räucherspeck
- 1 Bund Petersilie

≫ Die Muscheln abbürsten und mehrfach im Wasserbad waschen. In einem Sieb abtropfen lassen.

≫ Die Zwiebel schälen und hacken. Den Sellerie schälen und fein würfeln.

≫ Die Butter in einem Bräter zerlassen und Zwiebel und Sellerie bei mittlerer Hitze 3 Minuten dünsten. Muscheln, Weißwein, Bouquet garni und Pfeffer zugeben. Den Deckel auflegen und die Muscheln bei starker Hitze 10 Minuten kochen, dabei den Topf von Zeit zu Zeit schütteln, damit die Muscheln gleichmäßig garen. Abkühlen lassen und die Schalen entfernen.

≫ Die Süßkartoffeln schälen, waschen und in Stifte schneiden.

≫ Den Planchagrill auf mittlerer Stufe vorheizen und mit Olivenöl einpinseln.

≫ Die Kartoffelstifte flach auf dem Grill auslegen. Salzen und pfeffern. 15–20 Minuten grillen, dabei alle 5 Minuten wenden und immer wieder mit Olivenöl einpinseln.

≫ In der Zwischenzeit den Speck in Würfel oder Stifte schneiden. Die Petersilie waschen und hacken.

≫ Die Pommes Frites vom Grill nehmen und warm halten. Den Grill auf eine höhere Stufe einstellen und den Speck 6–8 Minuten rösten.

≫ Die Muscheln und die Petersilie zugeben, salzen und pfeffern. Alles gut vermischen und einige Minuten grillen. Sofort mit den Süßkartoffel-Fritten servieren.

MUSCHELN IN FOLIE

ZUBEREITUNGSZEIT: 30 Min.
GARZEIT: 10 Min.

ZUTATEN

Für 6 Personen

Für die gedünsteten Muscheln mit Kräutern
- 3 EL Olivenöl
- 1 Zwiebel, geschält und gehackt
- 2 Schalotten, geschält und gehackt
- 1 Stangensellerie, geschält und fein gewürfelt
- 200 ml Weißwein
- 3 Zweige Thymian
- 1 großer Zweig Rosmarin
- Salz, Pfeffer aus der Mühle
- 2,5 kg Muscheln, gewaschen und abgetropft
- 3 Stängel Kerbel, gehackt
- 1 Bund Schnittlauch, gehackt

Für die gedünsteten Herzmuscheln mit Zitrusfrüchten
- 3 Orangen
- 4 Schalotten, geschält und gehackt
- 100 ml Weißwein
- 150 ml süße Sahne
- 150 g Butter
- Salz, Pfeffer aus der Mühle
- Saft von ½ Zitrone
- 4 Zweige Thymian
- 100 ml Olivenöl
- 3 kg Herzmuscheln, gewaschen und abgetropft

》 Für die Muscheln mit Kräutern: Das Olivenöl in einem Topf erhitzen. Zwiebel, Schalotten und Sellerie bei mittlerer Hitze 5 Minuten dünsten. Weißwein, Thymian und Rosmarin zugeben. Mit Salz und Pfeffer abschmecken. Bei mittlerer Hitze 5 Minuten kochen.

》 Den Planchagrill vorheizen. 6 große Quadrate aus Alufolie oder Backpapier zurechtlegen. Die Muscheln mittig auf die Quadrate geben. Etwas Weinbrühe und Gemüse zugeben. Mit Kerbel und Schnittlauch bestreuen. Die Folie vorsichtig zu Päckchen verschließen.

》 Die Päckchen auf den heißen Planchagrill legen und 10 Minuten dünsten, ohne sie zu bewegen. Sofort servieren.

》 Für die Herzmuscheln mit Zitrusfrüchten: Die Schale von 2 Orangen reiben und alle 3 Früchte auspressen.

》 Ein Viertel der Orangenschale und ein Viertel der Schalotten in einen Topf geben. Den Weißwein zugießen und um zwei Drittel einkochen. Die Sahne und ein Drittel des Orangensaftes zugießen und bei mittlerer Hitze weitere 6–8 Minuten kochen. Vom Herd nehmen und die kalte, gewürfelte Butter kräftig einrühren. Mit Salz und Pfeffer abschmecken und den Zitronensaft zugeben. Warm halten.

》 Den Planchagrill auf höchster Stufe vorheizen. Den restlichen Orangensaft in einer kleinen Schüssel mit Thymian, Olivenöl, den restlichen Schalotten und der restlichen Orangenschale, Salz und Pfeffer verrühren. 6 große Quadrate aus Alufolie oder Backpapier zurechtlegen. Die Muscheln mittig auf die Quadrate legen und mit der Orangensauce übergießen. Die Folie vorsichtig zu Päckchen verschließen und diese auf den Grill legen. 10 Minuten dünsten, ohne sie zu bewegen. Sofort mit der Zitrusbutter servieren.

SCHNECKEN MIT AIOLI

ZUTATEN

Für 6 Personen

- 3,5 kg Wellhornschnecken,
  1 Stunde in kaltem Wasser mit
  einer Handvoll grobem Salz
  gewässert
- 2 EL Espelettepfeffer
- Grobes Salz
- 2 Zweige Thymian
- 1 Lorbeerblatt
- 3 große Möhren, geschält
- 2 große Zucchini
- 12 Kartoffeln
- 3 große Knoblauchzehen,
  geschält und entkeimt
- 1 gehäufter EL Senf
- 1 Eigelb
- 3 EL Sonnenblumenöl
- 150 ml Olivenöl + etwas mehr für
  den Planchagrill
- Salz, Pfeffer aus der Mühle
- 18 Kirschtomaten
- 6 hartgekochte Eier

》 Die Schnecken mehrfach in kaltem Wasser waschen und abtropfen lassen. Mit 1 Esslöffel Espelettepfeffer, 1 Handvoll grobem Salz, Thymian und Lorbeerblatt in einen Topf geben. Großzügig mit kaltem Wasser bedecken. Aufkochen und bei mittlerer Hitze 30 Minuten kochen, dabei regelmäßig den Schaum von der Oberfläche abschöpfen.

》 Möhren und Zucchini waschen und in dicke Scheiben schneiden. Die Kartoffeln waschen und 20 Minuten in einem Topf mit kochendem Salzwasser garen. In einem anderen Topf die Möhren 12–15 Minuten und die Zucchini 5 Minuten kochen. Gemüse und Kartoffeln abgießen und unter kaltem Wasser abschrecken. Beiseitestellen.

》 Den Knoblauch mit einem Stampfer sorgfältig zerstoßen und in eine kleine Schüssel geben. Mit Senf und Eigelb verrühren. Nach und nach das Sonnenblumenöl und 100 ml Olivenöl zugießen, dabei ständig verquirlen, bis eine Mayonnaise entsteht. Mit Salz und Pfeffer abschmecken.

》 Die Muscheln noch einmal unter kaltem Wasser erfrischen und das Gehäuse entfernen, dabei sorgfältig die Kiemendeckel und Gedärme entfernen.

》 Den Planchagrill vorheizen und einölen. Die Kartoffeln halbieren. Möhren, Zucchini und Kartoffeln 6–8 Minuten grillen und auf eine Seite des Grills schieben.

》 Schnecken und Kirschtomaten auf den Grill geben und 5 Minuten bräunen. Mit dem restlichen Olivenöl beträufeln und mit dem restlichen Espelettepfeffer bestreuen. Die Schnecken mit dem gerösteten Gemüse, Kartoffeln, hartgekochten Eiern und der Aioli servieren.

Muscheln auf katalanische Art

ZUBEREITUNGSZEIT: **45 Min.**
GARZEIT: **15 Min.**

ZUTATEN

Für 6 Personen

- 4 kg Muscheln
- 3 Zwiebeln
- 40 g Butter
- 150 ml Weißwein
- 2 Zweige Thymian
- Salz, Pfeffer aus der Mühle
- 2 rote Paprika
- 1 grüne Paprika
- 1 gelbe Paprika
- 3 Knoblauchzehen
- 1 Bund glatte Petersilie
- 150 g scharfe Chorizo
- 3 EL Olivenöl
- 1 gestrichener EL Espelettepfeffer

Sie können diese Muscheln als Vorspeise oder als Hauptgericht mit einem Zucchini-Kümmel-Gratin servieren.

≫ Die Muscheln abbürsten und mehrfach in kaltem Wasser waschen. In einem Sieb abtropfen lassen.

≫ 1 Zwiebel schälen und hacken. Die Butter in einem großen Topf zerlassen und die Zwiebel bei mittlerer Hitze 5 Minuten dünsten. Muscheln, Weißwein, Thymian und Pfeffer zugeben. Den Deckel auflegen und die Muscheln bei starker Hitze 10 Minuten kochen, dabei nach der Hälfte der Kochzeit kräftig umrühren. Den Herd ausschalten und die Muscheln abkühlen lassen. Die Schalen entfernen.

≫ Die Paprikaschoten schälen und in feine Streifen schneiden. Die restlichen Zwiebeln und den Knoblauch schälen und hacken. Die Petersilie waschen und hacken.

≫ Die Haut von der Chorizo abziehen. Die Wurst längs halbieren und in etwa 3 mm dicke Scheiben schneiden.

≫ Den Planchagrill auf mittlerer Stufe erhitzen. Die Hälfte des Olivenöls auf den Grill geben, Zwiebeln und Paprika auflegen, salzen und pfeffern. Unter häufigem Wenden 10 Minuten grillen. Den Grill auf maximale Stufe stellen und die Chorizoscheiben, Knoblauch, das restliche Olivenöl, Espelettepfeffer und Muscheln zugeben. 5 Minuten grillen, dabei alles regelmäßig verrühren.

≫ Mit Salz und Pfeffer abschmecken und mit der gehackten Petersilie bestreuen. Sofort servieren.

SCHWERTMUSCHELN MIT ANISBUTTER

ZUBEREITUNGSZEIT: **20 Min.**
KÜHLZEIT: **20 Min.**
GARZEIT: **10 Min.**

ZUTATEN

Für 6 Personen

- 3 kg Schwertmuscheln
- 4 Schalotten
- 2 Knoblauchzehen
- 1 großer Bund Kerbel
- 160 g weiche Butter
- 2 EL Fenchelsamen
- 3 EL Pastis
- Öl für den Planchagrill
- Salz, Pfeffer aus der Mühle

》 Die Muscheln in kaltem Salzwasser wässern. Mehrfach waschen und in einem Sieb abtropfen lassen.

》 Schalotten und Knoblauch schälen und hacken. Den Kerbel waschen und entstielen.

》 Die Butter in einen Mixer geben. Kerbel, Fenchelsamen, Pastis, Schalotten und Knoblauch zugeben und alles 2 Minuten mixen.

》 Die Anisbutter in eine kleine Schüssel umfüllen und 20 Minuten in den Kühlschrank stellen.

》 Den Planchagrilll vorheizen und leicht einölen.

》 Die Anisbutter in einen Topf geben und auf eine Ecke des Grills stellen, um die Butter sanft zu zerlassen.

》 Die Schwertmuscheln auf den heißen Grill legen und mit Salz und Pfeffer bestreuen. 6–8 Minuten grillen.

》 Sobald die Muscheln gar sind und sich öffnen, vorsichtig von innen mit etwas Anisbutter beträufeln. Weitere 2 Minuten grillen. Sofort mit überbackenen Tomaten oder einem Zucchini-Tomaten-Auflauf servieren.

GARNELENSPIESSE MIT PANCETTA UND PARMESAN

ZUBEREITUNGSZEIT: **30 Min.**
KÜHLZEIT: **1 Std.**
GARZEIT: **10 Min.**

ZUTATEN
Für 6 Personen

- 36 mittelgroße Garnelen
- 120 g Parmesan
- 1 EL Espelettepfeffer
- Salz
- 18 dünne Scheiben Pancetta
- 3 EL Olivenöl
- 200 ml Balsamicoessig
- 1 EL Zucker

≫ Die Garnelen schälen, das Schwanzende dabei stehen lassen. Vorsichtig am Rücken aufschneiden und den schwarzen Darm entfernen.

≫ Den Parmesan mit einem Sparschäler hobeln.

≫ Die Garnelen mit Espelettepfeffer und Salz bestreuen und einige Parmesanspäne darauf verteilen.

≫ Die Pancettascheiben halbieren. Je 1 Garnele auflegen und großzügig einrollen. Je 3 Garnelenrollen auf einen Spieß stecken. Die Spieße in einen tiefen Teller legen und mit Olivenöl beträufeln. 1 Stunde im Kühlschrank marinieren.

≫ In der Zwischenzeit den Balsamicoessig in einem Topf mit dem Zucker und 1 Prise Salz einkochen, bis er sirupartig wird. Abkühlen lassen.

≫ Den Planchagrill vorheizen.

≫ Die Garnelenspieße 4–5 Minuten von jeder Seite grillen.

≫ Je 3 Spieße auf die Servierteller legen und mit dem Balsamicosirup beträufeln. Sofort mit einem Rotkohlsalat servieren.

TINTENFISCH MIT SAUCE VIERGE UND KORIANDER

ZUBEREITUNGSZEIT: **45 Min.**
KÜHLZEIT: **2 Std.**
GARZEIT: **30 Min.**

ZUTATEN

Für 6 Personen

- 1,5 kg kleine frische Tintenfische
- 2 rote Tomaten
- 2 gelbe Tomaten
- 2 grüne Tomaten
- 4 große Schalotten
- 1 kleiner Bund Koriander
- Salz, Pfeffer aus der Mühle
- 200 ml Olivenöl + etwas mehr für den Planchagrill

Servieren Sie einen Little-Gem-Salat mit Rosinen und einer Zitronenvinaigrette zu diesem Gericht.

》 Die Tintenfische waschen und die Haut gründlich abziehen. Die Tentakel vom Körper trennen. Alles unter kaltem Wasser waschen und in einem Sieb abtropfen lassen.

》 Die Tomaten 20 Sekunden in einem Topf mit kochendem Wasser blanchieren. In kaltem Wasser abschrecken und abtropfen lassen. Die Tomaten enthäuten, vierteln, die Kerne entfernen und das Fruchtfleisch fein würfeln.

》 Die Schalotten schälen und hacken. Den Koriander waschen und zupfen.

》 Die gewürfelten Tomaten in einer Schüssel mit Schalotten und Koriander vermischen. Salzen, pfeffern und das Olivenöl zugeben. Die Sauce Vierge 2 Stunden in den Kühlschrank stellen.

》 Den Planchagrill vorheizen und leicht einölen.

》 Die Tintenfische mit Salz und Pfeffer bestreuen. Die Tentakel auf den Grill legen und 10—15 Minuten grillen. Auf eine Seite des Grills schieben und dort weiter garen. Gleichzeitig die Tintenfischkörper auflegen und 10—15 Minuten grillen.

》 Tentakel und Körper mit einem Drittel der Sauce Vierge beträufeln und weitere 3 Minuten grillen.

》 Die restliche Sauce in einen tiefen Teller gießen, die Tintenfischstücke zugeben und sorgfältig mit der Sauce überziehen. Sofort servieren.

LANGUSTEN AUF JAMAICA ART

ZUBEREITUNGSZEIT: **20 Min.**
MARINIERZEIT: **2 Std.**
GARZEIT: **20 Min.**

ZUTATEN

Für 6 Personen

- 6 Langustenschwänze à 300–400 g oder 3 sehr große Langusten
- 15 g schwarzer Jamaicapfeffer
- 3 grüne Zitronen
- ½ kleine rote Chilischote
- 150 g Butter
- 1 gestrichener TL Fleur de Sel
- Öl für den Planchagrill

❯ Die Langustenschwänze längs halbieren und in einen großen, tiefen Teller legen.

❯ Den Pfeffer zerstoßen. Die Schale von 2 grünen Zitronen abreiben und alle 3 Früchte auspressen. Die Hälfte von Saft und Schale und die Hälfte des Pfeffers in einer kleinen Schüssel verrühren.

❯ Das Langustenfleisch mit der Marinade beträufeln. Mit Folie abdecken und 2 Stunden im Kühlschrank marinieren.

❯ Die Chilischote entkernen und hacken. Die Butter in einem Topf bei schwacher Hitze zerlassen. Vom Herd nehmen, Fleur de Sel, den restlichen Zitronensaft und die restliche Zitronenschale einrühren. Die Zitronenbutter bei Zimmertemperatur aufbewahren.

❯ Den Planchagrill vorheizen und leicht einölen.

❯ Die Langustenschwänze mit der Schnittseite nach unten auf den Grill legen und 8–10 Minuten grillen. Wenden und leicht flachdrücken. Weitere 6–8 Minuten grillen, dabei immer wieder mit kleinen Portionen der Zitronenbutter beträufeln. Sofort servieren.

Grillen Sie halbierte grüne Zitronen und reichen Sie sie zu den Langusten. Servieren Sie dazu parfümierten Reis, Rohkost in einer Pfeffer-Vinaigrette oder Möhrenpüree mit Koriander.

RIESENGARNELEN IN CHERMOULA-SAUCE

ZUBEREITUNGSZEIT: **40 Min.**
GARZEIT: **5 Min.**

ZUTATEN

Für 6 Personen

- 4 Tomaten
- 1 mittelgroße Zwiebel
- 3 Knoblauchzehen
- 1 kleiner Bund frischer Koriander
- 1 in Salz eingelegtes Zitronenviertel
- 80 ml Olivenöl + etwas mehr für den Planchagrill
- 1 gestrichener EL Paprikapulver
- 1 gestrichener EL Kreuzkümmelpulver
- 3 EL Zitronensaft
- 1 gehäufter TL Zucker
- Salz, Pfeffer aus der Mühle
- 4 Blätter Minze
- 12 sehr große Garnelen

≫ Die Tomaten 20 Sekunden in kochendem Wasser blanchieren. In kaltem Wasser abschrecken und abtropfen lassen. Die Haut abziehen, die Tomaten halbieren, entkernen und hacken.

≫ Zwiebel und Knoblauch schälen und hacken. Den Koriander waschen und entstielen. Das Zitronenviertel fein würfeln.

≫ 3 Esslöffel Olivenöl in einer Pfanne erhitzen. Zwiebel und Knoblauch bei mittlerer Hitze 5 Minuten dünsten. Die Zitronenwürfel, die Gewürze, die gehackten Tomaten, Zitronensaft, Zucker und 100 ml Wasser zugeben. Mit Salz und Pfeffer abschmecken. Bei schwacher Hitze 10—15 Minuten kochen, dabei von Zeit zu Zeit rühren. Vom Herd nehmen und Koriander und Minze unterrühren.

≫ Die Garnelen längs halbieren und den schwarzen Darm entfernen. Die Scheren vorsichtig zerstoßen. Die Garnelen mit Salz und Pfeffer bestreuen und mit Olivenöl beträufeln.

≫ Den Planchagrill vorheizen und leicht einölen.

≫ Die Garnelen mit der Schnittseite nach unten auf den Grill legen und 3 Minuten grillen. Wenden und mit der Tomatenmischung bedecken. Weitere 2—3 Minuten grillen. Sofort servieren.

Servieren Sie zu den Garnelen alternativ eine Piperade oder in Knoblauch marinierte und gegrillte Paprikaschoten.

KRABBENKROKETTEN MIT KNOBLAUCH UND CHILI

ZUBEREITUNGSZEIT: 30 Min.
GARZEIT: 5 Min.

ZUTATEN

Für 6 Personen

- 400 g Filet vom Seelachs oder
  Merlan ohne Gräten
- 2 Schalotten
- 2 Knoblauchzehen
- 3 Stängel glatte Petersilie
- ½ rote Chilischote
- Salz
- 1 gehäufter TL rosa Pfefferkörner
- 300 g Krabbenfleisch
- 100 ml Olivenöl + etwas mehr für
  den Planchagrill

Für die Sauce
- 1 Knoblauchzehe
- ¼ rote Chilischote
- 1 gestrichener EL Zucker
- 3 EL Zitronensaft
- 100 ml Olivenöl
- Salz

❯ Für die Kroketten: Das Fischfilet fein würfeln. Schalotten und Knoblauch schälen und hacken. Die Petersilie waschen und hacken. Die Chilischote entkernen und hacken.

❯ Die gewürfelten Fischfilets mit Salz und den Pfefferkörnern in einen Mixer geben und pürieren. Krabbenfleisch, Olivenöl, Schalotten, Knoblauch, Chilischote und Petersilie zugeben. 1 weitere Minute zu einer glatten Masse mixen.

❯ Aus der Masse nussgroße Kroketten formen. Auf einen Teller legen und im Kühlschrank aufbewahren.

❯ Für die Sauce: Die Knoblauchzehe schälen und hacken. Die Chilischote entkernen und hacken. In einem hohen Rührgefäß den Zucker mit 3 EL sehr heißem Wasser verrühren. Knoblauch, Chilischote und die restlichen Zutaten zugeben. Mit dem Pürierstab 30 Sekunden pürieren.

❯ Den Planchagrill vorheizen und leicht einölen.

❯ Die Kroketten 5–6 Minuten von jeder Seite grillen. Sofort mit der Sauce servieren.

SATAYGARNELEN IN PETERSILIENBUTTER

ZUBEREITUNGSZEIT: 20 Min.
GARZEIT: 10 Min.

ZUTATEN
Für 6 Personen

- 2 Schalotten
- 1 kleiner Bund glatte Petersilie
- 100 g weiche Butter
- 60 g Sataygewürz (aus dem Asialaden)
- Salz, Pfeffer aus der Mühle
- Olivenöl für den Planchagrill
- 600–700 g frische rohe Garnelen

》 Die Schalotten schälen und sehr fein hacken. Die Petersilie waschen und hacken.

》 Die Butter mit Schalotten, Petersilie, Sataygewürz und Salz in einer Schüssel verrühren.

》 Den Planchagrill vorheizen und leicht einölen.

》 Die Garnelen auf dem sehr heißen Grill 5–6 Minuten grillen, dabei mit einem Küchenspachtel wenden. Salzen und pfeffern.

》 Den Grill ausschalten und die Petersilienbutter auf den gegrillten Garnelen verteilen. 4–5 Minuten weiter grillen, die Garnelen dabei ständig wenden, bis sie vollständig von der zerlassenen Butter überzogen sind.

》 Die Garnelen auf einen Teller legen. Die Petersilienbutter vom Grill aufnehmen und über die Garnelen geben. Sofort servieren.

Wenn Sie kein Sataygewürz finden, zerstampfen Sie 60 g Erdnüsse mit 1 gestrichenen Esslöffel Paprikapulver, 1 Knoblauchzehe und etwas Olivenöl.

ZUBEREITUNGSZEIT: **20 Min.**
GARZEIT: **30 Min.**

HUMMER MIT GRÜNEN ZITRONEN

ZUTATEN

Für 6 Personen

- 2 grüne Zitronen
- 2 Schalotten
- 130 g weiche Algenbutter
- Salz, Pfeffer aus der Mühle
- 3 blaue Hummer à 700–800 g
- Öl für den Planchagrill

》 1 Zitrone waschen und die Schale abreiben. Den Saft von beiden Früchten auspressen.

》 Die Schalotten schälen und fein hacken.

》 Die Algenbutter in einer kleinen Schüssel mit den Schalotten und dem Zitronensaft verrühren. Mit Salz und Pfeffer abschmecken.

》 Den Hummer längs halbieren, den schwarzen Darm entfernen und die Scheren mit einem großen Messer abtrennen. Salzen und pfeffern.

》 Den Planchagrill vorheizen und leich einölen.

》 Die Hummerscheren auf den Grill legen und 8–10 Minuten grillen, dabei nach der Hälfte der Zeit wenden. An den Rand des Planchagrills schieben und weiter garen, dabei regelmäßig wenden. Gleichzeitig die Hummerkörper mit der Schnittseite nach unten auf den Grill legen und 8–10 Minuten grillen.

》 Die Hummerkörper wenden. Die Zitronenbutter auf den Scheren und dem Fleisch verteilen. Weitere 7–10 Minuten grillen, damit die Butter gut einziehen kann. Sofort mit gegrilltem Gemüse oder einem Gemüseauflauf servieren.

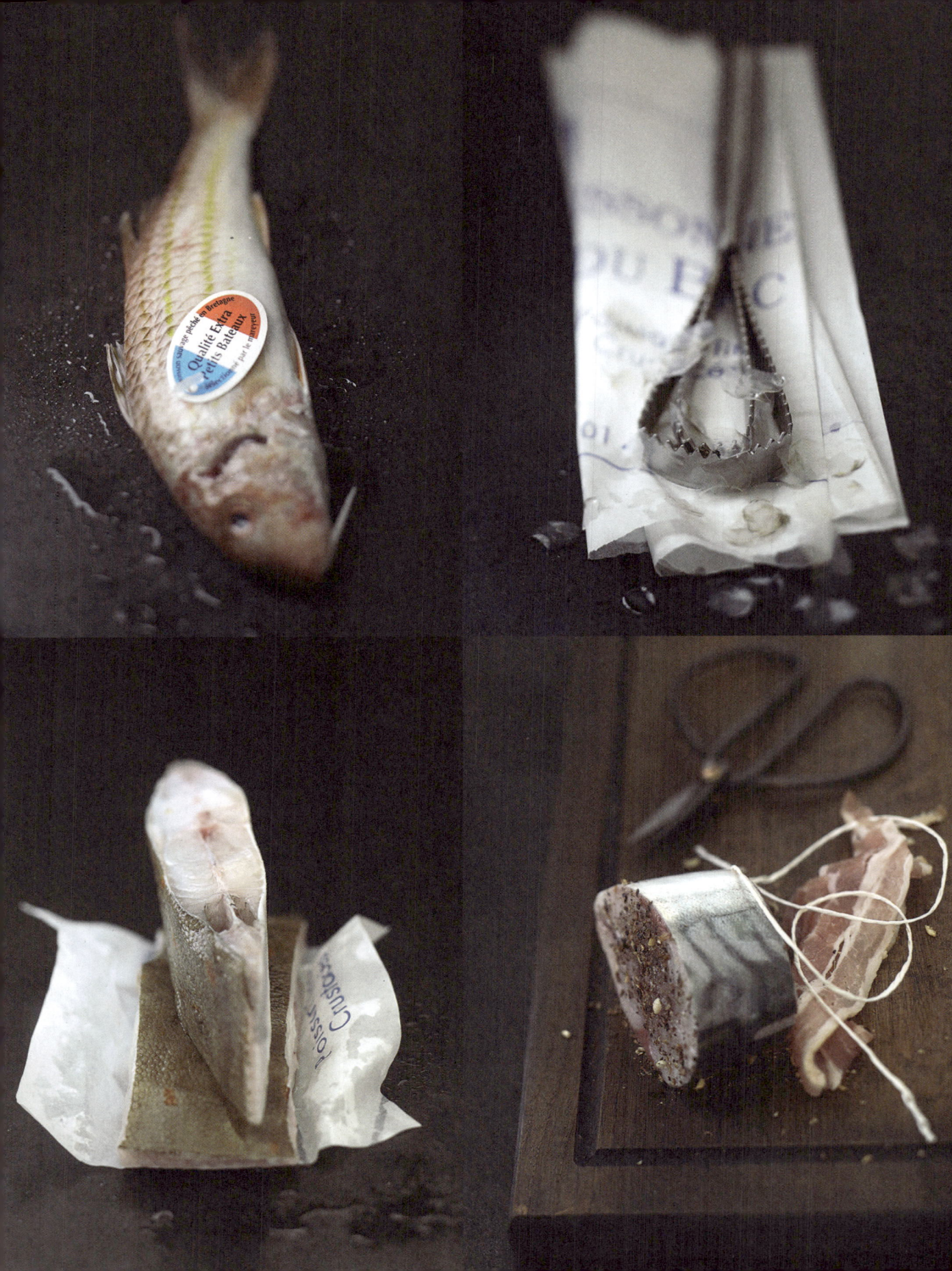

AUS DEM OFEN!

SAFRANROCHEN MIT KARTOFFELN, MANDELN UND KÜRBIS

ZUBEREITUNGSZEIT: **45 Min.**
GARZEIT: **20 Min.**

ZUTATEN

Für 6 Personen

- 3 Zwiebeln
- 1 Möhre
- 1 Bouquet garni
- 2 Zweige Rosmarin
- Salz, Pfeffer aus der Mühle
- 2 kg dicke Rochenflügel
- 800 g Kürbis
- 2 rote Kartoffeln
- 1 Knoblauchzehe
- 150 ml Olivenöl
- 3 große Prisen Safranfäden
- 2 EL flüssiger Honig
- 120 g ganze Mandeln

》 1 Zwiebel schälen und hacken. Die Möhre schälen und in dünne Scheiben schneiden. In einem Fleischtopf eine große Menge Wasser mit der Zwiebel, Möhrenscheiben, Bouquet garni, Rosmarin, Salz und Pfeffer aufkochen. Die Rochenflügel zugeben und 15 Minuten köcheln. Den Herd ausschalten und die Rochenflügel in der Brühe abkühlen lassen.

》 Den Kürbis schälen und in Stücke schneiden. Die Kartoffeln waschen und grob würfeln. Die Knoblauchzehe und die restlichen Zwiebeln schälen und hacken.

》 Die Hälfte des Olivenöls in einer Pfanne erhitzen. Knoblauch und Zwiebeln bei mittlerer Hitze 5 Minuten dünsten. Kürbisstücke, Safran, Salz und Pfeffer zugeben. Bei mittlerer Hitze 10 Minuten kochen, dabei regelmäßig rühren. Kartoffelwürfel, Honig und 100 ml Wasser zugeben. Alles gut verrühren und weitere 6—8 Minuten kochen.

》 Die Mandeln in einer antihaftbeschichteten Pfanne ohne weiteres Fett 3—4 Minuten rösten.

》 Die Rochenflügel abgießen, die Haut abziehen und das Fleisch vorsichtig vom Knorpel lösen.

》 Den Backofen auf 180 °C vorheizen.

》 Das Rochenfleisch zerpflücken und in eine Auflaufform geben. Die Kürbis-Kartoffel-Mischung mit dem reduzierten Kochsud und den Mandeln um den Fisch verteilen. Alles mit dem restlichen Olivenöl beträufeln. Die Auflaufform mit Alufolie oder Backpapier abdecken.

》 15—20 Minuten schmoren und heiß servieren.

MAKRELEN MIT CIDRE UND ROSENKOHL

ZUBEREITUNGSZEIT: **30 Min.**
GARZEIT: **35 Min.**

ZUTATEN

Für 6 Personen

- 6 mittelgroße Makrelen
- Salz, Pfeffer aus der Mühle
- 1 Flasche Cidre
- 1 kg Rosenkohl
- 300 ml süße Sahne
- 500 g Innereienwurst vom Schwein
  (z. B. Andouille de Guémené)
- 50 g Butter

≫ Den Backofen auf 200 °C vorheizen.

≫ Die Köpfe der Makrelen abschneiden. Die Fische ausnehmen, unter kaltem Wasser waschen und mit einem Geschirrtuch abtrocknen. Mit Salz und Pfeffer bestreuen und in eine große Auflaufform legen.

≫ Den Cidre in einem Topf mit Salz und Pfeffer bei starker Hitze 5 Minuten einkochen. Etwas abkühlen lassen und lauwarm über die Makrelen gießen.

≫ Die Auflaufform mit Alufolie abdecken und die Fische 15 Minuten im Ofen schmoren.

≫ In der Zwischenzeit den Rosenkohl putzen. In einem Topf mit kochendem Salzwasser 12–15 Minuten garen. Abgießen und unter kaltem Wasser abschrecken.

≫ Die Makrelen aus dem Ofen nehmen (den Ofen auf 150 °C herunterschalten). Den Kochsud durch ein Filter in einen Topf gießen und um die Hälfte einkochen. Die Sahne unterrühren und weitere 8–10 Minuten kochen, bis die Sauce cremig wird. Mit dem Pürierstab schaumig aufschlagen.

≫ Die Haut von der Wurst abziehen. Die Wurst in dicke Scheiben schneiden und jede Scheibe vierteln.

≫ Die Butter in einer Pfanne zerlassen und den Rosenkohl bei mittlerer Hitze 3 Minuten braten. Die Wurststücke zugeben und bei starker Hitze weitere 3 Minuten braten.

≫ Die Makrelen zum Aufwärmen weitere 5 Minuten in den Ofen geben. Sofort mit der Cidresauce und dem Rosenkohl servieren.

ZUBEREITUNGSZEIT: **45 Min.**
GARZEIT: **15 Min.**
RUHEZEIT: **5 Min.**

KALMAR MIT KAPERN

ZUTATEN

Für 6 Personen

- 12 kleine Kalmare oder 6 mittelgroße
- 2 Scheiben Toastbrot ohne Rinde
- 3 EL Milch
- 50 g schwarze entkernte Oliven
- 60 g Kapern
- 70 g Pinienkerne
- 50 g helle Rosinen
- 4 Schalotten
- 2 Knoblauchzehen
- 100 ml Olivenöl
- 100 g Pecorino, gerieben
- Salz, Pfeffer aus der Mühle

》 Die Kalmare waschen. Die Körper von den Tentakeln trennen und nur die Tentakel hacken.

》 Die Toastbrotscheiben in der Milch einweichen.

》 Oliven, Kapern, Pinienkerne und Rosinen grob hacken. Schalotten und Knoblauch schälen und hacken.

》 Die Hälfte des Olivenöls in einer Pfanne erhitzen. Schalotten und Knoblauch 3 Minuten dünsten. Die Tentakel zugeben und weitere 3 Minuten dünsten. Die gehackten Kapern, Pinienkerne, Oliven und Rosinen unterrühren. Weitere 2 Minuten unter Rühren kochen. Die Mischung in eine Schüssel geben und abkühlen lassen, bis sie lauwarm ist. Das eingeweichte Toastbrot, Pecorino, Salz und Pfeffer zugeben und alles gut vermischen.

》 Den Backofen auf 200 °C vorheizen.

》 Die Kalmarkörper mit der Mischung füllen. Die Öffnungen mit einem Zahnstocher verschließen.

》 Das restliche Olivenöl in einer Pfanne erhitzen und die gefüllten Kalmare 1 Minute von jeder Seite braten, salzen und pfeffern. Das Öl aus der Pfanne in eine Auflaufform gießen und die Kalmare zugeben. Je nach Größe 10—15 Minuten im Ofen braten, dabei nach der Hälfte der Zeit wenden.

》 Die Kalmare aus dem Ofen nehmen, mit Alufolie abdecken und 5 Minuten ruhen lassen. Mit gebratenem Reis oder Linguine in Butter servieren.

POLLACK-KARTOFFEL-AUFLAUF MIT OLIVEN

ZUBEREITUNGSZEIT: 40 Min.
GARZEIT: 30 Min.

ZUTATEN

Für 6 Personen

- 1,2 kg Kartoffeln
- 1 kg Pollackfilet
- 1 große Zwiebel
- 1 kleiner Zweig Rosmarin
- 100 ml Olivenöl
- Salz, Pfeffer aus der Mühle
- 100 ml Milch
- 130 g Butter
- 150 g kleine schwarze Oliven
- 100 g Paniermehl

≫ Die Kartoffeln schälen, waschen und in Stücke schneiden. 20 Minuten in einem Topf mit kochendem Salzwasser garen.

≫ Das Pollackfilet in Stücke schneiden und die Gräten entfernen.

≫ Die Zwiebel schälen und hacken. Den Rosmarin entstielen und hacken.

≫ 2 Esslöffel Olivenöl in einer Pfanne erhitzen und die Zwiebel 5 Minuten dünsten. Die Fischstücke und den Rosmarin zugeben, salzen und pfeffern. Bei mittlerer Hitze 6–8 Minuten braten.

≫ Die Kartoffeln abgießen und in einer Schüssel zu einem Püree zerstampfen.

≫ Die Milch mit dem restlichen Olivenöl in einem Topf erwärmen und mit dem Kartoffelpüree vermischen. 100 g Butter würfeln und ebenfalls untermischen. Die Oliven grob hacken und unterrühren.

≫ Den Backofen auf 180 °C vorheizen.

≫ Den Fisch zerpflücken und mit den Zwiebeln in eine Auflaufform geben. Mit dem Oliven-Kartoffel-Püree bedecken. Die Oberfläche mit Paniermehl bestreuen. Die restliche Butter würfeln und auf dem Auflauf verteilen.

≫ Den Auflauf 25–30 Minuten im Ofen überbacken und warm servieren.

STEINBUTT IN SPECK MIT SALAT UND ERBSEN

ZUBEREITUNGSZEIT: 40 Min.
GARZEIT: 20 Min.

ZUTATEN
Für 6 Personen

- 6 Little-Gem-Salatköpfe
- 6 Steinbuttsteaks à ca. 250 g
- Salz, Pfeffer aus der Mühle
- 18 dünne Scheiben gesalzener Speck
- 90 g Butter
- 3 EL Olivenöl
- 1 Zwiebel
- 600 g junge Erbsen, enthülst
- 1 EL Zucker

❯ Den Backofen auf 190 °C vorheizen.

❯ Die Salate waschen und 2 Minuten in einem Topf mit kochendem Salzwasser blanchieren. Abgießen und in sehr kaltem Wasser abschrecken. Das Wasser so gut wie möglich ausdrücken.

❯ Die Steinbuttsteaks salzen und pfeffern. Jedes Fischsteak mit 3 Scheiben Speck umwickeln.

❯ Fischsteaks und Little-Gem-Salate in eine große Auflaufform legen. Den Salat salzen und pfeffern. 60 g Butter würfeln und über Fisch und Salaten verteilen. Alles mit etwas Olivenöl beträufeln. 15–20 Minuten im Ofen braten.

❯ In der Zwischenzeit die Zwiebel schälen. Die restliche Butter in einem Topf zerlassen und die Zwiebel 5 Minuten dünsten. Erbsen, Zucker, Salz und Pfeffer zugeben. Mit Alufolie abdecken und bei mittlerer Hitze 10–12 Minuten kochen; die Erbsen sollten bissfest sein.

❯ Fisch und Salate aus dem Ofen nehmen und sofort mit den Erbsen servieren.

GOLDBRASSE IN KRÄUTERSALZKRUSTE

ZUTATEN

Für 6 Personen

- 2 Goldbrassen à 800–900 g
- 4 Zweige Thymian
- 2 Zweige Rosmarin
- 80 g rosa Pfefferkörner
- 2 kg grobes Salz
- 200 g Mehl
- 12 Eiweiße

》 Den Backofen auf 180 °C vorheizen. Die Goldbrassen abschuppen und ausnehmen (fragen Sie Ihren Fischhändler). Unter kaltem Wasser waschen und mit einem sauberen Geschirrtuch abtrocknen.

》 Thymian und Rosmarin entstielen. Mit den rosa Pfefferkörnern in einen Mixer geben und 30 Sekunden mixen.

》 Salz und Mehl in eine Schüssel geben. Die Kräutermischung zugeben und die Eiweiße einarbeiten, bis ein Teig entsteht. Den Teig in 4 Portionen aufteilen.

》 2 Teigportionen auf 2 mit Backpapier ausgelegten Back- blechen ausrollen. Je 1 Goldbrasse auf ein Backblech legen und die beiden restlichen Teigportionen so auf den Fischen verteilen, dass sie vollständig von dem Salzteig umgeben sind.

》 Die Goldbrassen 40–45 im Ofen braten. Aus dem Ofen nehmen und 10 Minuten ruhen lassen.

》 Die Kruste vorsichtig aufbrechen und die Fische filettieren. Sofort mit einer Sauce Hollandaise mit Zitronen- oder Minz- aroma servieren.

Am besten gelingt der Salzteig in einer Küchenmaschine mit Knethaken. Das Salz kann mit Salbei, Fenchel- oder Kreuz- kümmelsamen aromatisiert werden.

ZUBEREITUNGSZEIT: **30 Min.**
GARZEIT: **15 Min.**

SEETEUFEL MIT STEINPILZEN UND NÜSSEN

ZUTATEN
Für 6 Personen

- 1,2 kg Steinpilze
- 200 ml Bratensauce
- 2 große Schalotten
- 60 g ganze Haselnüsse
- 3 EL Nussöl
- Salz, Pfeffer aus der Mühle
- 1 kg Seeteufelfilet
- 3 EL Olivenöl

》 Den Backofen auf 180 °C vorheizen.

》 Die Steinpilze bürsten, kurz unter kaltem Wasser waschen und hacken.

》 Die Bratensauce in einem Topf 5 Minuten einkochen.

》 Die Schalotten schälen und hacken. Die Nüsse grob hacken.

》 Das Nussöl in einer Pfanne erhitzen und die Schalotten bei mittlerer Hitze 3 Minuten dünsten. Steinpilze und Haselnüsse zugeben. Salzen, pfeffern, den Herd höher schalten und 6–8 Minuten unter Rühren kochen. Die Mischung gleichmäßig in einer Auflaufform verteilen.

》 Die Seeteufelfilets in 6 Stücke schneiden, salzen und pfeffern. Das Olivenöl in einer Pfanne erhitzen und die Fischfilets bei starker Hitze 2–3 Minuten von jeder Seite anbraten.

》 Die Seeteufelfilets auf das Pilzbett legen und mit der Bratensauce übergießen. 15 Minuten im Ofen braten.

》 Die Seeteufelfilets mit den Pilzen heiß servieren. Dazu passt mit Nussöl aromatisiertes Kartoffelpüree.

SEEHECHTROULADEN MIT PANCETTA UND PARMESAN

ZUBEREITUNGSZEIT: 45 Min.
GARZEIT: 20 Min.

ZUTATEN

Für 6 Personen

- 150 g Parmesan
- 6 Blätter Salbei
- 6 Seehechtsteaks à ca. 180 g
- Salz, Pfeffer aus der Mühle
- 12 Scheiben Pancetta
- 100 ml Weißwein
- 150 ml Fischfond (siehe Rezept S. 12)
- 3 EL Olivenöl

» Den Backofen auf 200 °C vorheizen.

» Den Parmesan grob reiben. Den Salbei hacken.

» Die Fischsteaks längs aufschneiden und aufklappen. Die Innenseite mit geriebenem Parmesan und gehacktem Salbei füllen.

» 1 Scheibe Pancetta auf einer Arbeitsfläche auslegen. Ein Seehechtfilet darauf legen und mit einer zweiten Pancetta-scheibe bedecken. Das Fischsteak wie eine Roulade zusammenrollen und festbinden. Vorsichtig salzen und pfeffern. Die anderen Rouladen ebenso zubereiten und in eine Auflaufform legen.

» Den Weißwein in einem Topf 2 Minuten kochen. Den Fischfond zugießen, erneut aufkochen und weitere 2 Minuten kochen. Salzen und pfeffern. Die Sauce auf den Boden der Auflaufform gießen und die Rouladen mit Olivenöl beträufeln.

» Die Rouladen mit Alufolie abdecken und 10–12 Minuten im Ofen braten.

» Die Alufolie abnehmen und die Rouladen weitere 8–10 Minuten braten. Sofort mit einem cremigen Sellerieauflauf servieren.

Kabeljaurücken mit Mozzarella und Tomaten

ZUBEREITUNGSZEIT: 20 Min.
GARZEIT: 15 Min.

ZUTATEN

Für 6 Personen

- 100 ml Olivenöl
- 6 Kabeljaurücken à ca. 180 g
- 6 Bund Strauchtomaten
- 500 g geräucherte Mozzarella
- 1 Zweig Rosmarin
- Salz, Pfeffer aus der Mühle
- 6 EL Balsamicoessig

≫ Den Backofen auf 200 °C vorheizen.

≫ 2 Esslöffel Olivenöl in einer Pfanne erhitzen und die Kabeljaurücken bei starker Hitze 2 Minuten von jeder Seite anbraten. In eine Auflaufform legen.

≫ Die Tomaten waschen, von den Stielen ziehen und in 5 mm dicke Scheiben schneiden.

≫ Die Mozzarella in 7–8 mm dicke Scheiben schneiden. Den Rosmarin entstielen.

≫ Die Fischrücken salzen und pfeffern. Jeweils 2 oder 3 Tomatenscheiben auf jeden Fischrücken legen, die Mozzarellascheiben darauf verteilen und mit den restlichen Tomatenscheiben bedecken. Mit Rosmarin bestreuen und mit Olivenöl beträufeln. 12–15 Minuten im Ofen überbacken.

≫ Die Auflaufform aus dem Ofen nehmen und die Rückenfilets mit je 1 Esslöffel Balsamicoessig beträufeln. Sofort servieren.

Servieren Sie mit Parmesan überbackene Auberginen zu diesem Gericht.

BARSCH MIT FRISCHEN KRÄUTERN UND KNOBLAUCH

ZUBEREITUNGSZEIT: **20 Min.**
GARZEIT: **25 Min.**

ZUTATEN

Für 6 Personen

- 3 Barsche à ca. 800–900 g
- 1 Knoblauchknolle
- 2 große Zweige Rosmarin
- 1 Bund frischer Thymian
- 1 Bund Bohnenkraut
- 6 Lorbeerblätter
- 100 ml Olivenöl
- Fleur de Sel, Pfeffer aus der Mühle

〉 Den Backofen auf 180 °C vorheizen.

〉 Die Barsche abschuppen, ausnehmen und unter kaltem Wasser waschen.

〉 Die Knoblauchzehen schälen und in Scheiben schneiden, 20 Sekunden in einem Topf mit kochendem Salzwasser blanchieren und abgießen.

〉 Alle Kräuter waschen, entstielen und mit der Schere zerkleinern. Auch die Lorbeerblätter fein zerkleinern. Die Kräuter in einer kleinen Schüssel mit der Hälfte des Olivenöls vermischen.

〉 Die Barsche von innen mit Fleur de Sel und Pfeffer bestreuen. Mit der Hälfte der Kräutermischung füllen. Die Fische in eine große Auflaufform legen und mit der restlichen Kräutermischung und dem restlichen Olivenöl bestreichen. Salzen und pfeffern.

〉 10 Minuten im Ofen braten. Die Knoblauchscheiben rund um die Fische legen und weitere 10–15 Minuten braten. Sofort mit einer Sauce Hollandaise oder einer Buttersauce (siehe Rezepte S. 10 und 11) servieren.

SARDINEN MIT ZWIEBELKOMPOTT

ZUTATEN

Für 6 Personen

- 12 mittelgroße Sardinen
- 3 rote Zwiebeln
- 40 g Butter
- 100 ml hochwertiges Argan-Speiseöl
- Salz, Pfeffer aus der Mühle
- 120 g ganze Mandeln
- 2 EL Johannisbeermus oder Johannisbeersirup
- 2 EL flüssiger Honig
- 100 g schwarze entkernte Oliven

> Die Sardinenköpfe entfernen. Die Sardinen vom Rücken her längs aufschneiden, aber nicht durchschneiden, dabei mit der Messerklinge an den Filets entlang schneiden. Die Gräten mit der Schere auslösen. Die Fische ausnehmen, waschen, mit Küchenpapier trockentupfen und bis zur weiteren Verwendung im Kühlschrank aufbewahren.

> Die Zwiebeln schälen und hacken. Die Butter und ein Drittel des Arganöls in einer großen Pfanne erhitzen und die Zwiebeln bei schwacher Hitze 20 Minuten dünsten. Salzen und pfeffern. Die ganzen Mandeln, Johannisbeermus oder -sirup und Honig zugeben. Alles gut vermischen und weitere 10 Minuten kochen. Die Oliven grob hacken und unterrühren.

> Den Backofen auf 200 °C vorheizen.

> Die aufgeklappten Sardinen flachdrücken und auf ein mit Backpapier ausgelegtes Backblech legen. Salzen, pfeffern und mit dem restlichen Arganöl beträufeln. Mit dem Zwiebelmus bestreichen.

> Die Sardinen 8–10 Minuten im Ofen braten und sofort servieren.

Servieren Sie Pellkartoffeln mit einer Kräutercreme zu den Sardinen.

ZUBEREITUNGSZEIT: **20 Min.**
MARINIERZEIT: **2 Std.**
GARZEIT: **20 Min.**

ZUTATEN
Für 6 Personen

- 2 Schollen à ca. 800 g–1 kg
- 1 gehäufter TL scharfes Currypulver
- 1 gehäufter EL Kreuzkümmelsamen
- 1 gehäufter EL Kümmelsamen
- 2 Prisen Zimt
- 2 Prisen Muskatnuss
- Salz, Pfeffer aus der Mühle
- 150 ml Olivenöl

SCHOLLE AUS DEM OFEN MIT GEWÜRZEN

》 Die Schollenköpfe entfernen. Die Fische ausnehmen und unter kaltem Wasser waschen. Jede Scholle in 3 große Stücke schneiden.

》 Alle Gewürze in einer großen Schüssel mit Salz und Pfeffer vermischen. Das Olivenöl zugeben und sorgfältig unterrühren.

》 Die Fischstücke zugeben und vorsichtig mit den Händen im Kräuteröl wenden, bis sie vollständig überzogen sind. Mit Frischhaltefolie abdecken und 2 Stunden im Kühlschrank marinieren.

》 Den Backofen auf 200 °C vorheizen.

》 Die Fischstücke mit der Hautseite nach unten in eine große Auflaufform geben und mit der Marinade beträufeln. Je nach Größe 15–20 Minuten braten, dabei ein- oder zweimal mit der Marinade beträufeln. Der Fisch ist gar, wenn sich das Fleisch leicht von den Gräten lösen lässt. Sofort servieren.

GEBRATENE FORELLE MIT MANDELN UND SAUERAMPFERCREME

ZUBEREITUNGSZEIT: **30 Min.**
GARZEIT: **15 Min.**

ZUTATEN

Für 6 Personen

- 2 Bund Sauerampfer
- 100 g Butter
- Saft von 1 Zitrone
- 1 TL Zucker
- 100 ml Fischfond (siehe Rezept S. 12)
- 400 ml süße Sahne
- Salz, Pfeffer aus der Mühle
- 6 mittelgroße Forellen
- 150 ml Weißwein
- 4 Schalotten
- 200 g ganze Mandeln, geschält

> Servieren Sie ein cremiges Selleriepüree oder Rahmspinat zu diesem Gericht.

≫ Den Sauerampfer entstielen und die Blätter waschen. 20 g Butter in einem Topf zerlassen und den Sauerampfer bei mittlerer Hitze dünsten. Zitronensaft und Zucker zugeben und 2 Minuten kochen. Fischfond und Sahne zugießen und mit Salz und Pfeffer abschmecken. Aufkochen und bei mittlerer Hitze 10 Minuten kochen, bis die Sauce etwas eingedickt ist.

≫ Den Backofen auf 190 °C vorheizen.

≫ Die Forellen ausnehmen, unter kaltem Wasser waschen und mit einem sauberen Geschirrtuch abtrocknen. Auf ein mit Backpapier ausgelegtes Backblech legen und mit Salz und Pfeffer bestreuen.

≫ Den Wein in einem Topf 5 Minuten kochen. Die restliche Butter zugeben und kräftig einrühren. Mit Salz und Pfeffer abschmecken. Den Herd ausschalten.

≫ Die Schalotten schälen und hacken. Mandeln und Schalotten rund um die Forellen legen. Alles mit der Weißweinbutter beträufeln, dabei darauf achten, dass die Fische vollständig von der Buttersauce überzogen sind. 12–15 Minuten im Ofen braten.

≫ Die Sauerampfersauce mit dem Pürierstab schaumig aufschlagen und abschmecken.

≫ Je 1 Forelle mit Mandeln und Schalotten auf die einzelnen Servierteller legen. Die Forellen vorsichtig häuten und sofort mit der Sauerampfercreme servieren.

Bistrot du Port :

Pêche du Jour

Überbackene Austern mit Steinpilzen und Parmesan

ZUBEREITUNGSZEIT: **40 Min.**
GARZEIT: **5 Min.**

ZUTATEN
Für 6 Personen

- 36 mittelgroße Austern
- 400 g Steinpilze
- 1 große Schalotte
- 20 g Butter
- Salz, Pfeffer aus der Mühle
- 250 ml süße Sahne
- 90 g Parmesan, frisch gerieben

》 Die Austern vorsichtig über einen Topf halten und öffnen. Das Fleisch ablösen und in den Topf geben. Bei mittlerer Hitze erwärmen und den Herd beim ersten Köcheln ausschalten. Die Austern in ein Sieb gießen und den Kochsud filtern. Die Austernschalen abtrocknen.

》 Die Steinpilze bürsten, kurz unter kaltem Wasser waschen und in kleine Würfel schneiden.

》 Die Schalotte schälen und hacken. Die Butter in einem Topf zerlassen und die Schalotte 3 Minuten dünsten. Die Steinpilze zugeben und vorsichtig salzen und pfeffern. 5 Minuten bei mittlerer Hitze kochen.

》 Die Hälfte der Steinpilze aus dem Topf nehmen und beiseitestellen.

》 50 ml des Austernkochsuds mit der Sahne in einen Topf gießen und 8–10 Minuten kochen.

》 Die Steinpilzsauce mit dem Pürierstab cremig aufschlagen. Vom Herd nehmen, den Parmesan unterrühren und abkühlen lassen, bis die Steinpilzcreme lauwarm ist.

》 Den Grill des Backofens vorheizen.

》 Die beiseitegestellten Steinpilze in die leeren Austernschalen füllen. 1 pochierte Auster in jede Schale füllen und mit der Steinpilzcreme bedecken. Die Austern 5 Minuten unter dem Grill überbacken und sofort servieren.

MIESMUSCHELN GEFÜLLT MIT FLEISCH

ZUBEREITUNGSZEIT: **40 Min.**
GARZEIT: **40 Min.**

ZUTATEN

Für 6 Personen

- 24 spanische Miesmuscheln
- 2 mittelgroße Zwiebeln
- 2 Knoblaluchzehen
- 100 ml Olivenöl
- 1 kleiner Bund glatte Petersilie
- 600 g Fleisch aus der frischen Bratwurst
- 1 l passierte Tomaten
- Salz, Pfeffer aus der Mühle

》 Die Muscheln mehrfach mit Wasser waschen und in einem Sieb abtropfen lassen.

》 1 Zwiebel und die Koblauchzehen schälen und hacken. Die Hälfte des Olivenöls in einer Pfanne erhitzen. Zwiebel und Knoblauch 8–10 Minuten dünsten.

》 Die Petersile waschen und hacken.

》 Das Bratwurstfleisch mit der gedünsteten Zwiebel-Knoblauch-Mischung, Petersilie, Salz und Pfeffer vermischen.

》 Die Muscheln vorsichtig öffnen, ohne sie auseinander-zubrechen. Die Muscheln mit der Mischung füllen und locker zubinden.

》 Den Backofen auf 180 °C vorheizen.

》 Die zweite Zwiebel schälen und hacken. Das restliche Olivenöl in einem Topf erhitzen, der für Herd und Ofen geeignet ist. Die Zwiebel 5 Minuten dünsten. Die passierten Tomaten und 100 ml Wasser zugießen. Mit Salz und Pfeffer abschmecken. Aufkochen und 5 Minuten kochen.

》 Die gefüllten Muscheln zugeben. 35–40 Minuten im Ofen schmoren, dabei die Muscheln nach der halben Garzeit wenden. Sofort mit Pilafreis servieren.

MUSCHELGRATIN MIT LAUCH UND PARMESAN

ZUBEREITUNGSZEIT: 1 Std.
GARZEIT: 10 Min.

ZUTATEN

Für 6 Personen

- 1,5 kg Miesmuscheln
- 1,5 kg Herzmuscheln
- 12 Jakobsmuscheln ohne Schale
- 1 Zwiebel
- 4 Lauchstangen (nur das Weiße)
- 1 Stangensellerie
- 90 g Butter
- 150 ml Weißwein
- Salz, Pfeffer aus der Mühle
- 20 g Speisestärke
- 100 ml süße Sahne
- 2 EL Olivenöl
- 130 g Parmesan, frisch gerieben

》 Die Muscheln sorgfältig waschen.

》 Die Zwiebel schälen und hacken. Den Lauch waschen und hacken. Den Sellerie schälen und fein würfeln.

》 20 g Butter in einem Schmortopf zerlassen. Zwiebel und Sellerie 2 Minuten dünsten. Mies- und Herzmuscheln, Weißwein und Pfeffer zugeben. Den Deckel auflegen und die Muscheln bei starker Hitze 8—10 Minuten kochen, dabei nach der Hälfte der Garzeit die Muscheln kräftig durchrühren. Abkühlen lassen und die Schalen entfernen.

》 300 ml des Kochsuds durch ein Sieb gießen und abkühlen lassen.

》 50 g Butter in einem Topf zerlassen und den Lauch bei mittlerer Hitze 15 Minuten weich dünsten. Salzen und pfeffern.

》 In der Zwischenzeit die restliche Butter in einem kleinen Topf bei schwacher Hitze zerlassen. Die Speisestärke zufügen und unter Rühren 3 Minuten zu einer Mehlschwitze kochen. Muschelsud und Sahne zugießen. Aufkochen und bei mittlerer Hitze unter ständigem Rühren 3 Minuten kochen. Mit Salz und Pfeffer abschmecken. Vom Herd nehmen und den Parmesan einrühren. Die Béchamelsauce abkühlen lassen, bis sie lauwarm ist.

》 Das Olivenöl in einer Pfanne erhitzen und die Jakobsmuscheln 30 Sekunden von jeder Seite braten. Salzen und pfeffern.

》 Den Grill des Backofens vorheizen. Den gebratenen Lauch auf 6 kleine Gratinformen verteilen. Je 2 Jakobsmuscheln und die restlichen Muscheln zugeben. Mit der Béchamelsauce bedecken und die Oberfläche glätten. Mit Parmesan bestreuen.

》 10 Minuten unter dem Grill gratinieren und sofort servieren.

ZUBEREITUNGSZEIT: **45 Min.**
RUHEZEIT: **1 Std.**
GARZEIT: **10 Min.**

GRATINIERTE VENUSMUSCHELN MIT INGWER

ZUTATEN

Für 6 Personen

- 36 große Venusmuscheln
- 50 g Ingwerwurzel
- 3 große Schalotten
- 1 TL Koriandersamen
- 200 g weiche Butter
- 3 EL gesüßte Sojasauce
- Salz, Pfeffer aus der Mühle
- 100 g Paniermehl
- Grobes Salz

≫ Die Venusmuscheln mehrfach in kaltem Wasser waschen, dann in einem Sieb abtropfen lassen. Die Muscheln vorsichtig so öffnen, dass das Fleisch in der Schale bleibt.

≫ Den Ingwer schälen und fein reiben. Die Schalotten schälen und hacken. Die Koriandersamen zerstoßen.

≫ Die weiche Butter in einer großen Schüssel mit Ingwer, Schalotten, Koriandersamen, Sojasauce, Salz und Pfeffer vermischen.

≫ Die überschüssige Flüssigkeit aus den Muscheln abgießen und je 1 Teelöffel der Ingwerbutter auf das Muschelfleisch geben. Die Oberfläche mit Paniermehl bestreuen.

≫ Ein Backblech mit grobem Salz füllen. Die Muscheln so in das Salzbett drücken, dass sie gerade stehen bleiben. Das Blech 1 Stunde in den Kühlschrank stellen.

≫ Den Grill des Backofens vorheizen und die Muscheln 10 Minuten überbacken. Sofort servieren.

GRATINIERTE AUSTERN MIT MEERRETTICH

ZUBEREITUNGSZEIT: 40 Min.
GARZEIT: 5 Min.

ZUTATEN

Für 6 Personen

- 36 mittelgroße Austern
- 2 mittelgroße Möhren
- 2 Stangensellerie
- 30 g Butter
- Salz, Pfeffer aus der Mühle
- 10 Eigelbe
- 3 EL Weißwein
- 1 gehäufter EL geriebener Meerrettich aus dem Glas

》 Die Austern über einen Topf halten und vorsichtig öffnen. Das Fleisch herauslösen und in den Topf geben. Die Austern langsam erhitzen, bis sie zu köcheln beginnen. Den Herd ausschalten. Die Austern durch ein feines Sieb abgießen.

》 Möhren und Sellerie schälen und fein würfeln. Die Butter in einem Topf zerlassen. Das Gemüse zugeben, salzen, pfeffern und 10–15 Minuten dünsten; es sollte bissfest bleiben.

》 Das gekochte Gemüse auf 6 einzelne Gratinförmchen verteilen. Je 6 pochierte Austern in jede Form geben.

》 Den Grill des Backofens vorheizen.

》 Eigelb und Wein in einem Topf verrühren und mit Salz und Pfeffer abschmecken. Bei sehr schwacher Hitze unter ständigem Rühren 10 Minuten köcheln, bis eine cremige Zabaione entsteht. (Um sicherzustellen, dass die Temperatur nicht zu hoch ist, legen Sie Ihre Hand an die Topfwand: Sie sollte dort liegen bleiben können, ohne dass es zu heiß wird.)

》 Den Topf vom Herd nehmen und weitere 5 Minuten kräftig verquirlen, um den Kochvorgang zu beenden. Den Meerrettich unterrühren.

》 Die Zabaione über die pochierten Austern gießen. 4–5 Minuten unter dem Grill überbacken und sofort servieren.

LANGUSTINEN MIT GLASNUDELN IN VANILLE

ZUBEREITUNGSZEIT: **30 Min.**
GARZEIT: **5 Min.**

ZUTATEN

Für 6 Personen

- 150 ml Weißwein
- 3 EL Weinessig
- 20 g Zucker
- 1 Vanilleschote
- 100 ml Sonnenblumenöl
- 18 große Langustinen
- Salz, Pfeffer aus der Mühle
- 150 g Glasnudeln (aus dem Asialaden)
- 3 EL Olivenöl

❯ Den Backofen auf 200 °C vorheizen.

❯ Den Wein in einen Topf gießen, Essig und Zucker zugeben. Die Vanilleschote aufschlitzen und die Samen mit der Messerspitze auskratzen. Mit der Schote in den Topf geben. Bei mittlerer Hitze 5 Minuten kochen. Lauwarm abkühlen lassen.

❯ Die Vanilleschote entfernen und das Sonnenblumenöl zugießen. Mit dem Pürierstab 20 Sekunden schaumig aufschlagen, dann die Schote wieder zugeben.

❯ Die Langustinen vorsichtig schälen, dabei die Schwanzspitze stehen lassen. Am Rücken aufschlitzen und den schwarzen Darm entfernen.

❯ Die Langustinen salzen und pfeffern und vorsichtig mit den Glasnudeln umwickeln. Auf ein mit Backpapier ausgelegtes Backblech legen und mit Olivenöl beträufeln.

❯ Die Langustinen 4–5 Minuten im Ofen braten. Sofort mit der Vanillesauce und einem Feldsalat servieren.

Sie können zu den Langustinen auch einen Sprossensalat mit geriebener Roter Bete servieren.

KRABBENRÖSTI MIT KARTOFFELN, ZIEGENKÄSE UND SPECK

ZUBEREITUNGSZEIT: 45 Min.
GARZEIT: 45 Min.

ZUTATEN

Für 6 Personen

- 500 g Kartoffeln
- 3 EL Olivenöl + etwas mehr für die Formen
- Salz, Pfeffer aus der Mühle
- 200 g frischer Ziegenkäse
- 1 Ei
- 250 g Krabbenfleisch
- 12 Scheiben Speck

≫ Den Backofen auf 160 °C vorheizen.

≫ Die Kartoffeln schälen, waschen und in dünne Scheiben schneiden. In einer Schüssel mit Olivenöl, Salz und Pfeffer vermischen.

≫ In einer anderen Schüssel den Ziegenkäse mit einer Gabel zerdrücken. Das Ei zugeben und alles kräftig verschlagen. Das Krabbenfleisch untermischen. Mit Salz und Pfeffer abschmecken.

≫ 6 Törtchenformen mit hohem Rand einölen und den Boden mit Backpapier auslegen.

≫ Den Boden der Törtchenformen mit je 2 Speckscheiben über Kreuz so auslegen, dass der Speck an beiden Seiten überhängt. Jeweils eine Schicht der Kartoffelmasse darüberlegen. Ein wenig der Krabbenmischung darauf verteilen und mit einer weiteren Schicht der Kartoffelmasse bedecken. Auf diese Weise weiter aufschichten, bis alle Zutaten verbraucht sind. Die überhängenden Speckscheiben darüber klappen und alles mit den Händen leicht andrücken.

≫ Die Krabbenrösti 30 Minuten im Ofen braten.

≫ Aus dem Ofen nehmen und die Hitze auf 180 °C erhöhen. Die Rösti vorsichtig aus den Formen heben und auf ein mit Backpapier ausgelegtes Backblech legen. Weitere 15 Minuten braten. Sofort mit einem Salat servieren.

Sie können dieses Gericht auch in einer Form mit 20 cm Durchmesser braten, dazu den Boden der Form mit allen Speckscheiben auslegen und diese überhängen lassen.

FISCHSUPPE

ZUBEREITUNGSZEIT: 45 Min.
GARZEIT: ca. 1 Std. 30 Min.

ZUTATEN
Für 6—8 Personen

- 2 kg Felsenfische, Rotbarben oder Drachenköpfe
- 1 große Zwiebel
- 6 Knoblauchzehen
- 4 Tomaten
- 300 g Kartoffeln
- 800 g Möhren
- 100 ml Olivenöl
- 2 EL Tomatenmark
- 3 EL Pastis
- 1 gestrichener EL Paprikapulver
- 2 große Prisen Safranpulver
- Salz, Pfeffer aus der Mühle

❯ Die kleinen Felsenfische nur waschen, nicht ausnehmen. Die anderen Fische ausnehmen, unter kaltem Wasser waschen und in Stücke schneiden.

❯ Zwiebel und Knoblauch schälen und hacken. Die Tomaten waschen und vierteln. Die Kartoffeln schälen und waschen, die Möhren schälen. Beides in kleine Stücke schneiden.

❯ Das Olivenöl in einem großen Topf erhitzen. Knoblauch und Zwiebel 5 Minuten dünsten. Den Fisch zugeben und bei starker Hitze 5 Minuten anbraten. Tomaten, Tomatenmark, Pastis, Paprikapulver und Safran einrühren. Mit Salz und Pfeffer abschmecken. Alles gut verrühren und 5 Minuten kochen. Möhren und Kartoffeln zugeben. Alles großzügig mit kaltem Wasser bedecken. Aufkochen und 1 ½ bis 1 ¾ Stunden bei schwacher Hitze köcheln, dabei den Schaum regelmäßig von der Oberfläche abschöpfen.

❯ Alles mit dem Pürierstab 5 Minuten mixen. Die Suppe durch ein feines Sieb gießen und so viel Flüssigkeit wie möglich durchdrücken.

❯ Die Suppe in einen Topf gießen und unter Rühren aufkochen. Noch einmal abschmecken. Sofort mit Knoblauchcroûtons, Rouille (siehe Rezept S. 10) und geriebenem Käse (z. B. Gruyère) servieren.

MENGENANGABEN!

ABKÜRZUNGEN

TL	Teelöffel
EL	Esslöffel

FLÜSSIGKEITEN

metrisches System	amerikanisches System	andere Schreibweise
5 ml	1 Tee- oder Kaffeelöffel	
15 ml	1 Esslöffel	
35 ml	1/8 Tasse	1 oz (oder once)
65 ml	1/4 Tasse	2 oz
125 ml	1/2 Tasse	4 oz
250 ml	2 Tassen	8 oz
500 ml	4 Tassen	
1 Liter		

GEWICHTSEINHEITEN

metrisches System	amerikanisches System	andere Schreibweise
30 g	1/8 oz	
55 g	1/8 lbs	2 oz
115 g	1/4 lbs	4 oz
170 g	3/8 lbs	6 oz
225 g	1/2 lbs	8 oz
500 g	1 Pfund	16 oz

TEMPERATUR

Wärme	° Celsius	Thermostat	° Fahrenheit
Gering	70 °C	2–3	150 °F
	100 °C	3–4	200 °F
Mittel	120 °C	4	250 °F
	150 °C	5	300 °F
Heiß	180 °C	6	350 °F
	200 °C	6–7	400 °F
Sehr heiß	230 °C	7–8	450 °F
	260 °C	8–9	500 °F

DANKSAGUNG!

Ein großer Dank an Aurélie, Adèle, Mathilde und Laurent von Mango für dieses schöne Buch
aus der bekannten Reihe.
Ein Dank auch an Pierre-Louis für die neuen tollen Fotos!
Dank an Mauviel für die Küchenutensilien!
Und an VERYCOOK für die freundliche Leihgabe der wunderbaren Planchagrills!

© Mango, Paris – 2014
Originaltitel: *Fish & Co ! À la Plancha et au Four*
ISBN 978-23-17007-42-2

Redakteure: Aurélie Cazenave und Mathilde Croizeau
Art Direction: Laurent Quellet und Julie Mathieu
Reproduktion: Almalthéa
Herstellung: Thierry Dubus und Marie Guibert

© der deutschen Ausgabe: h.f.ullmann publishing GmbH

Übersetzung aus dem Französischen: Annette Mader
Lektorat und Satz: ce redaktionsbüro

Projektmanagement für h.f.ullmann: Isabel Weiler, Katharina Pferdmenges

Gesamtherstellung: h.f.ullmann publishing GmbH, Potsdam

Printed in India, 2015

ISBN 978-3-8480-0797-4

10 9 8 7 6 5 4 3 2 1
X IX VIII VII VI V IV III II I

www.ullmann-publishing.com
newsletter@ullmann-publishing.com
facebook.com/hfullmann
twitter.com/hfullmann